中央财政支持地方高校发展专项资金项目

贵州省区域内一流学科建设项目

贵州省特色重点学科建设项目

21世纪中国地方公共治理现代化研究

留守老人社会保障与减贫效果研究

韦 璞 著

中国社会科学出版社

图书在版编目（CIP）数据

留守老人社会保障与减贫效果研究/韦璞著 . —北京：
中国社会科学出版社，2018.5
（21世纪中国地方公共治理现代化研究）
ISBN 978 - 7 - 5203 - 2354 - 3

Ⅰ . ①留…　　Ⅱ . ①韦…　　Ⅲ . ①农村—养老—社会保障—
研究—中国　　Ⅳ . ①F323.89

中国版本图书馆 CIP 数据核字（2018）第 071992 号

出 版 人	赵剑英
责任编辑	刘晓红
责任校对	周晓东
责任印制	戴 宽

出　　版	中国社会科学出版社
社　　址	北京鼓楼西大街甲 158 号
邮　　编	100720
网　　址	http：//www. csspw. cn
发 行 部	010 - 84083685
门 市 部	010 - 84029450
经　　销	新华书店及其他书店

印　　刷	北京明恒达印务有限公司
装　　订	廊坊市广阳区广增装订厂
版　　次	2018 年 5 月第 1 版
印　　次	2018 年 5 月第 1 次印刷

开　　本	710×1000　1/16
印　　张	13
插　　页	2
字　　数	196 千字
定　　价	56.00 元

凡购买中国社会科学出版社图书，如有质量问题请与本社营销中心联系调换
电话：010 - 84083683

目　录

第一章 绪论

我国农村留守老人是在工业化和城镇化背景下，农村劳动力大量外出务工形成的。改革开放以来，城乡差距日益增大，大量农村青壮年劳动力流向发达地区和城镇，导致农村家庭养老功能弱化，留守老人在现实生活中面临诸多困难，贫困问题突出，已成为全面建设小康社会的短板。与此同时，社会养老保障逐渐成为农村留守老人生活上的重要依靠。因此，农村留守老人的社会保障状况及其减贫效果逐渐引起学界关注，是值得我们深入研究的重要课题。

一 研究背景与研究意义

（一）研究背景

我国在 2000 年进入老龄化社会之后，老年人口增长迅速，一方面随着城镇化、工业化发展，农村青壮年劳动力加速向城镇和发达地区流动；① 另一方面社会保障和户籍制度的城乡分割，使得农村老年人无法跟随子女迁移。② 最终导致欠发达地区、民族地区农村出现大量留守老人。我国早期有一些研究对农村留守老人的数量进行过相关

---

① 周福林：《我国留守老人状况研究》，《西北人口》2006 年第 1 期，第 46—49 页。
② 蔡蒙：《劳务经济引致下的农村留守老人生存状态研究——基于四川省金堂县竹篙镇的实证分析》，《农村经济》2006 年第 4 期，第 118—121 页；胡强强：《城镇化过程中的农村"留守老人"照料》，《南京人口管理干部学院学报》2006 年第 2 期，第 25—28 页；闫萍：《农村子女外流对父母经济供养状况的影响分析》，《西北人口》2007 年第 5 期，第 21—24 页。

估算。例如，杜鹏、丁志宏（2004）根据 2000 年"五普"资料，按 0.95‰的抽样比，推算出我国 60 岁及以上的农村留守老人数量大约为 1800 万。① 周福林（2006）根据同样的资料推算出我国 2000 年 65 岁及以上的留守老人数量为 1793.9 万人，并推算出四川留守老人占本省老人总数的 29.12%，贵州为 25.60%，云南为 14.50%；且四川留守老人在全国留守老人中所占比重最高，达 9.96%，贵州为 3.02%，云南为 2.14%。② 但 2000 年，对于许多农村地区，特别是大多数民族地区的农村，大规模的青壮年人口向城镇转移才刚刚开始，当时估算的留守老人相关数据显然偏小。实际上，有关资料显示，到 2011 年时，我国农村留守老人约为 4000 万，占农村老年人口的 37%。到 2013 年 9 月，根据民政部有关负责人估算，我国农村留守老人数量已达 5000 万。③ 且随着城镇化进一步推进，农村留守老人数量将会继续增加。与此同时，农村家庭养老能力弱化，农村社会养老保障服务体系不健全，农村留守老人在经济供养、生活照料、精神慰藉等方面面临新的困难，劳动负担加重，社会支持缺位，贫困问题突出，农村留守老人的养老问题日益凸显。

民族地区农村经济发展相对落后，许多青壮年劳动力为了生计外出务工，将年迈的父母留在农村，在许多民族地区，留守老人已成为农村常住居民的主体，也成为农村贫困人口的主体。由于子女外出务工，农村家庭养老功能弱化，农村留守老人的养老保障和服务面临严峻挑战，生存状况前景堪忧。而社会保障作为国家正式制度安排，能否成功补充和替代家庭与社区养老能力，保障留守老人基本生活，满足农村留守老人的养老保障和服务需求，就成为当前重要的研究议题。目前，农村留守老人的养老问题与生存状况逐渐受到各界人士关

---

① 杜鹏、丁志宏等：《农村子女外出务工对留守老人的影响》，《人口研究》2004 年第 6 期，第 44—52 页。

② 周福林：《我国留守老人状况研究》，《西北人口》2006 年第 1 期，第 46—49 页。

③ 2013 年 9 月民政部有关负责人估算，农村留守老人数量已达 5000 万，并认为农村养老服务存在着缺乏生活照料和精神慰藉、失能无靠等突出问题，农村老年人的养老问题日益严峻（民政部：《农村留守老人近 5000 万》，《新京报》，2013 年 9 月 20 日，http://www.bjnews.com.cn/news/2013/09/20/284312.html）。

注，同时也引起党中央、国务院的高度重视，中共十八届三中全会通过的《中共中央关于全面深化改革若干重大问题的决定》特别强调"健全农村留守老人关爱服务体系"。2015 年 6 月 16 日至 18 日，习近平总书记在贵州考察时，针对贵州农村留守老人较多的情况，强调"要关心留守老年人，完善工作机制和措施，加强管理和服务，让他们都能感受到社会主义大家庭的温暖"。尽管国家领导人和社会各界人士对农村留守老人的养老问题较为关切，学术研究也对这一问题给予普遍关注，但目前大多数研究仍然主要关注外出子女对留守老人的支持状况，较少关注留守老人的贫困状况及其原因，更缺乏考察农村社会养老保障在缓解留守老人贫困方面的研究。

老年人由于已经退出劳动领域，通过自身劳动获取经济收入的机会减少，能力下降，转而依靠其他家庭成员尤其是子女和政府社会保障支持。但由于子女的经济支持又取决于子女的经济状况以及养老责任观念，具有不稳定性特征。因而老年人常常比劳动年龄人口更容易陷入贫困。老年贫困问题也一直是一个世界性难题，即使在社会保障制度比较完善的经济发达国家也不例外。澳大利亚 2012 年 65 岁及以上老年人口贫困率高达 33.4%，美国也高达 18.8%。2011 年瑞典、德国、英国、爱尔兰、意大利、新西兰等国 65 岁及以上老年贫困发生率也在 9%—11%，比例稍低的西班牙、葡萄牙、希腊、丹麦等国也在 7%—8%，老年贫困发生率较低的法国和挪威也分别为 4.5% 和 4.3%，比例最低的荷兰为 1.6%。可见，发达国家的老年贫困率也是较高的。我国目前仍没有老年贫困人口规模及贫困率的确切统计数据，但一些学者根据 2000 年全国第五次人口普查数据和一些全国性的专门抽样调查数据进行推算，得出我国老年贫困人口规模大约在1000 多万至 3000 多万之间，老年贫困发生率在 7%—35%，不同学者的推算结果差异较大。① 准确掌握老年贫困人口数量和老年贫困发生率是制定老年社会政策的依据，是服务老年人口，提高老年人口生活质量的前提条件。因此，杨立雄（2011）根据 2010 年 3 月民政部公布的最低生活保障数据和"1 天 1 美元"的贫困标准，推算出我国老年贫困人口规模接近 1800 万，老年总体贫困发生率为 10.77%。② 老年贫困率远远高于总人口贫困率，是总人口贫困率的 3 倍左右。

贫困人口规模与贫困发生率直接受贫困标准高低的影响，贫困标准低，则贫困人口规模小，贫困发生率低；贫困标准高，则贫困人口规模大，贫困发生率高。我国贫困标准一直比较低，2012 年才将贫困标准提高到 2300 元/年（2010 年不变价格）。按不同的贫困标准估算出来的贫困人口数据差异非常大，而在贫困标准提高的情况下，上述学者的估算结果明显低估了我国老年贫困人口规模和贫困发生率。农村留守老人作为老年人中的弱势群体，贫困发生率会更高。由于子女不在身边，国家社会保障制度不完善，留守老人的贫困现象比非留守老人更为严重。如果考虑到经济维度以外的贫困状况，如文化贫困、精神贫困、社交贫困等，则留守老人的贫困现象更为普遍。与此同时，随着我国经济社会发展，贫困现象逐渐由整体性贫困、区域性贫困转变为以个体性贫困为主，贫困性质、贫困人口分布发生了改变，原先的区域性扶贫政策的减贫效果减弱，转而依赖社会保障来调节收

---

① 乔晓春等（2005）利用中国老龄科研中心 2000 年 12 月组织的"中国城乡老年人口状况一次性抽样调查"数据，推算出我国 2000 年 11 月 1 日全国贫困老年人口总量为 2274.8 万人，贫困老年人占全部老年人口的比例为 17.5%（参见乔晓春、张恺悌、孙陆军、张玲《对中国老年贫困人口的估计》，《人口研究》2005 年第 2 期，第 8—15 页）。王德文等的测算表明全国老年贫困人口数量为 900—1200 万，老年贫困发生率为 7.1%—9.0%（参见王德文、张恺悌《中国老年人口的生活状况与贫困发生率估计》，《中国人口科学》2005 年第 1 期，第 58—66 页）。于学军测算的农村老年贫困人口数量超过 3000 万，全国老年贫困发生率在 28%—35%（参见于学军《老年人口贫困问题研究》，中国老龄科学研究中心《中国城乡老年人口状况一次性抽样调查数据分析》，中国标准出版社 2003 年版，第 55—58 页）。而全国老龄工作委员会办公室测算结果表明，城乡贫困老年人只有 1010 万（参见全国城乡贫困老年人状况调查研究课题组《全国城乡贫困老年人状况调查研究项目总报告（2003）》）。

② 杨立雄：《中国老年贫困人口规模研究》，《人口学刊》2011 年第 4 期，第 37—45 页。

入分配、减少贫困人口。留守老人由于本身对贫困风险的抵御能力有限，将更加依赖社会保障制度支持。因此，留守老人能够享有的社会保障及其减贫效果如何，对缓解留守老人的贫困问题至关重要。

西南地区的四川、云南、贵州三省（以下简称西南三省）少数民族居住较为集中，民族成分复杂，分布上形成"大杂居，小聚居"的格局，相互交错居住，某个少数民族集中居住的地区往往有汉族或其他民族杂居其中，而汉族居住地区也有少数民族杂居其中。西南三省民族地区经济社会发展相对滞后，贫困人口相对集中，同时又具有极强的个性特征，是我国贫困范围大、贫困人口多、贫困程度深的多民族地区。全国 14 个集中连片特困地区中，西南占 4 个（武陵山区、乌蒙山区、滇桂黔石漠化区、滇西边境山区），尤以贵州和云南最为严重，贵州 88 个县区，65 个为贫困县，云南 129 个县区，82 个为贫困县。以贵州为例，2012 年按照 2300 元/年的国家新贫困线标准，贫困人口剧增到 1521 万，贫困发生率高达 45.1%。可见，贫困问题仍然是西南地区面临的严峻挑战，其阻碍了该地区农村经济社会发展与农村居民生活水平的提高，是政府需要着力解决的困难，是完善社会保障制度需要重点考虑的对象。与此同时，贵州、云南和四川（尤其是川西）都是农村劳动力流出比较多的省区，农村留守老人数量大、比重高，留守老人的贫困现象也较为突出。在工业化和城镇化迅速推进的背景下，农村家庭养老功能持续弱化，农村老年贫困现象愈加突出，建立社会养老保障弥补家庭养老能力不足，减少农村留守老人贫困，提升其生活质量已成为迫切需要解决的问题。

虽然近几年西南民族贫困地区农村已经全面实施了农村低保、新农合和新农保制度，已将贫困人口纳入保障范围，农村社会保障取得长足进步，社会保障待遇支付逐渐成为农村老年人的重要收入来源，对农村留守老人的物质生活产生了积极影响。但农村社会保障制度的建立和发展究竟在何种程度弥补了传统家庭养老方式的不足，尤其是这些制度的减贫效果如何，能够在多大程度上帮助贫困留守老人脱贫，并遏制贫困现象发生，这是各界人士共同关注的问题，也是衡量社会保障政策目标实现程度的重要指标。然而，现有文献却对此缺乏深入探讨，于是，摸清民族地区农村留守老人的社会保障和贫困状况，评估农村社会保障对留守老人的减贫作用和效果，分析农村社会保障在减缓留守老人贫困上的影响因素等，是值得深入研究的课题。

（二）研究意义

随着人口老龄化深入发展和城镇化进程加快，留守老人规模呈扩大趋势。留守老人养老问题，是在区域和城乡发展不平衡、农村劳动年龄人口大量流出、家庭养老功能弱化、农村留守老人数量和比重不断扩大的条件下形成的。我国一直以来都强调家庭对老年人的养老保障功能，特别是子女对老人的代际赡养责任，这就是所谓的"养儿防老"。目前我国农村仍以家庭养老模式为主，子女外出务工必然对留守父母的生产、生活产生各方面的影响，且年轻子女迫于生计或个人发展而长期离开居住地，又因经济收入不高、户籍限制、城镇社会福利排斥等，往往无法携带父母一起迁入城镇，而不得不将父母留在原住地，使其成为留守老人。子女作为老年人经济收入的主要支持者、生活照料的主要提供者和精神情感的主要寄托者，长期离开家庭，必然动摇传统家庭养老模式的根基。而在国家正式社会福利和保障体系还不健全、老年人主要依靠家庭成员供养的情况下，青壮年劳动力外出与迁移不仅加剧了输出地的人口老龄化，也使得家庭养老模式难以持续，农村留守老人的贫困问题越来越突出，其经济供养、生活照料和精神慰藉也成为普遍社会问题。社会保障制度作为应对贫困问题的制度性安排，在减缓老年贫困问题上具有重要作用。

近年来，在中央及各级政府的重视下，农村养老资金投入不断增加，新型农村社会养老保险试点取得长足发展，且已初步达到"保基本、广覆盖、有弹性、可持续"的要求。新农合、农村低保、新农保等农村主要社会保障项目逐步建立和完善，在保障包括老年人在内的农村居民的基本生活水平上发挥重要作用。但是，目前我国农村社会保障体系建设仍然处于起步阶段，仍存在与新形势、新任务、新需求不相适应的问题。加之区域发展不平衡，劳动力输出省与输入省面对的人口形势差异较大，劳动力输出省的留守群体，包括留守妇女、留守儿童和留守老人问题，尤其是这些群体的贫困人口较多，比例高，贫困程度较深，对这些省区的经济发展和社会建设提出了严峻挑战，也关系到我国全面建成小康社会的宏伟目标的实现。

西南三省民族地区是劳动力输出地区，同时也是经济社会发展欠发达地区，其农村养老保障体系仍不完善，社会保障制度建设也必然面临比发达省区更为复杂的问题。主要表现为：长期以来，以家庭养老为主的养老模式，随着计划生育基本国策的实施，以及经济社会的转型，农村劳动力大量流出，户籍所在地与就业地分离，流动人口远离家庭所在地因而无力照料家庭，导致农村家庭养老功能弱化。同时，目前欠发达省区对留守老人养老体系缺乏统筹规划，体系建设缺失；现有农村机构养老及社区养老设施简陋、功能单一，难以对留守老人提供照料护理、医疗康复、精神慰藉等多方面服务；农村机构养老与社区养老布局不合理，各地市、县、乡、村发展不平衡；政府投入不足，民间投资规模有限；国家出台的优惠政策落实不到位；等等。因此，如何建立与经济社会发展水平相适应的农村社会保障体系，满足农村留守老人养老服务需求，减少留守老人贫困现象，提升他们的生活质量，是目前留守老人社会保障体系建设面临的重要问题。

社会保障是缓解和消除贫困的重要政策手段。在发达国家，社会保障已然成为贫困人口实现温饱、摆脱贫困的重要依靠和途径。众多学者也在贫困测量、社会保障减贫效果的研究上取得丰硕成果，如Kannan（2004）、Behrendt（2000）、Alkire（2007，2010）等。① 一些国际机构如国际劳工组织（2011）将消除贫困、减少不平等和不公

---

① Kappa P. Kannan, "Social Security, Poverty Reduction and Development: Arguments for Enlarging the Concept of Social Security in a Globalizing World", *Social Security Policy and Development Branch*, ILO, Geneva, 2004; Christina Behrendt, "Holes in the Safety Net? Social Security and the Alleviation of Poverty in a Comparative Perspective", *Paper Prepared for the ISSA Year* 2000 *Research Conference in Helsinki*, September 2000, pp. 25 – 27; Sabina Alkire and James Foster, "Counting and Multidimensional Poverty Measurement", *Oxford Poverty & Human Development Initiative OPHI Working Paper*, June 2007; Sabina Alkire and Maria Emma Santos, "Acute Multidimensional Poverty: A New Index for Developing Countries", *Human Development Reports Research Paper*, 11, 2010.

正及消除民族、种族或性别歧视等视为社会保障的目标，强调扩大社会保障覆盖面，并关注不同人群社会保障的可获得性。世界银行的研究报告《从贫困地区到贫困人群：中国扶贫议程的演进》（2009），[①]采用广义农村社会保障概念（包括农村扶贫项目、社会救助项目和社会保险项目），逐项对我国农村社会保障项目的减贫效果进行评估，并指出我国社会保障体系当前面临的挑战是：覆盖面较窄；受益水平较低；不同项目之间与城乡体系之间缺乏合作与协调；过于依赖地方政府的资金投入，中央政府投入不足，导致地区差距较大。联合国开发计划署和中国国际扶贫中心在《中国新发展阶段中的减贫挑战与对策研究》（2011）[②] 中引用叶敬忠等的研究成果指出，近半数的中国留守老人存在心理压力、健康状况普遍较差，养老保障严重不足，并认为只有不断推进农村社会保障制度建设，这一状况才有可能得以改观。虽然研究者已经开始重视社会保障在减贫效果方面的研究，但无论国内还是国外研究者，均没有针对农村留守老人的特殊性，系统研究他们的社会保障问题。

从理论上来讲，研究民族地区农村留守老人的生活状况，尤其是其贫困状况及其影响因素，以及社会保障作为留守老人的重要收入来源对贫困的减缓起到多大作用，揭示社会保障在减贫方面的制约因素，对预防和解决农村留守老人贫困问题具有重要的现实指导意义。从实际应用角度而言，这些研究发现也有助于寻找有效措施降低留守老人贫困率，为完善农村社会保障制度，改善和提高农村留守老人生活质量提供有益的政策思考。与此同时，中共十六大报告明确提出"全面建设小康社会"，中共十七大报告在此基础上又提出新的更高要求，针对 2020 年全面建成小康社会的宏伟目标，中共十八大报告中首次提出"实现国内生产总值和城乡居民人均收入比 2010 年翻一番"的新指标。全面建成小康社会是 21 世纪前 20 年我国发展重要战略机

---

① 世界银行东亚及太平洋地区扶贫与经济管理局：《从贫困地区到贫困人群：中国扶贫议程的演进》，世界银行，2009 年 3 月。

② 联合国开发计划署和中国国际扶贫中心：《中国新发展阶段中的减贫挑战与对策研究》，2011 年 5 月，http://www.docin.com/p-634350240.html。

遇期提出的宏伟目标。老年人口作为总人口的重要组成部分，尤其是农村留守老人作为特殊的弱势群体，能否在 2020 年与其他人口群体一同步入小康生活，关系到我国全面建成小康社会目标的实现。建立健全农村社会保障体系，是实现"老有所养、老有所医、老有所学、老有所为、老有所乐"的工作目标，让留守老人共享社会经济发展成果的重要途径和关键。因此，摸清经济发展相对滞后的民族地区农村留守老人的生活状况、社会保障状况及其在减缓老年贫困方面取得的成效和存在的问题，对于今后制定和完善相关社会保障政策，提升社会保障制度的减贫效果，进而提高农村留守老人的生活质量，具有重要的参考价值。

二　概念界定与主要研究内容

（一）概念界定

1. 留守老人

进入 21 世纪以后，我国研究留守老人的文献逐渐增多，但大多数研究都没有对留守老人概念进行严格界定，将留守老人视为学界似乎已经形成共识和人所共知的概念。在少数对留守老人概念进行界定的文献中，又往往存在定义范围过宽，对象不明确，"留守"特征不明显等问题。如杜鹏、丁志宏等（2004）认为，留守老人是指"家庭（指血缘家庭，包括老人所有的儿子和女儿）中有子女外出务工的 60 岁及以上的农村老人"。[①] 周福林（2006）认为，留守老人就是指"子女外出时留守在户籍地家的 60 岁以上（或 65 岁以上）的老年人"。[②] 卢海阳、钱文荣（2014）认为，留守老人是指 60 岁及以上老

---

① 杜鹏、丁志宏等：《农村子女外出务工对留守老人的影响》，《人口研究》2004 年第 6 期，第 44—52 页。

② 周福林：《我国留守老人状况研究》，《西北人口》2006 年第 1 期，第 46—49 页。

人"其子女至少有一个于调查期间外出务工"①。这些定义忽略了两个问题：一是子女外出务工的距离和时间；二是哪些子女外出务工。显然如果子女外出务工距离较近，时间较短，那么并不会对留守老人生活带来多大困难。只有子女外出务工距离较远，时间较长而无法照顾家庭的情况，才会对留守老人的生活带来较严重的负面影响。另外，哪些子女外出务工的问题也同样重要，因为在农村，女儿外嫁其他村庄是比较普遍的现象，如果女儿外嫁出村庄，那么该女儿外出务工对留守老人生活造成的负面影响较小，只有与留守老人共同生活的子女外出，才会对留守老人生活产生较大的影响。

叶敬忠、贺聪志（2008）正是针对这些定义存在的缺陷对留守老人进行了重新界定。他们将留守老人定义为"有户口在本社区的子女（至少一个以上子女）每年在外务工时间累计在 6 个月及以上，自己留在户籍所在地的农村老年人"。② 但是该定义也忽略了两个问题：一是户口在本社区和实际在本社区居住是两码事，子女和父母的户口分离也是常有的事情。只有实际与老人同住在一起或生活在一个村庄的子女长时间外出务工，才会对老人的生活带来较大影响，也才构成真正意义上的"留守"。因此，有必要区分是否是同村或同住子女外出务工的情况。二是"外出务工时间累计 6 个月及以上"这种表述实际忽略了一种特殊情况，即子女外出期间经常回家的情况，而这种情况对老人的实际生活影响不大，并不构成真正的"留守"状况。因此，准确界定留守老人还需要考虑子女每次外出时间的长短，而不是累计时间长短。

实际上，所谓"留守老人"，是由"留守"和"老人"两个概念合并而成，"老人"的概念目前已经形成共识，是比较清晰的，发达国家常常以 65 岁及以上为老年人的年龄起点，而发展中国家往往以 60 岁及以上为老年人的年龄起点。关于"留守"的概念则需要明确

---

① 卢海阳、钱文荣：《子女外出务工对农村留守老人生活的影响研究》，《农业经济问题》（月刊）2014 年第 6 期，第 24—32 页。

② 叶敬忠、贺聪志：《静寞夕阳——中国农村留守老人》，社会科学文献出版社 2008年版，第 24 页。

两个方面：一是子女外出距离和外出时间；二是是否是同住或同村子女外出。子女外出距离近，一般可以兼顾家庭，照顾老人，这种"留守"其实对老年人的生活影响不大。当然，也要看子女外出时间长短，主要是多久回家一次，如果子女回家次数很少，那么即使外出距离近，也构成真正的"留守"状况。因此，最重要的是外出时间的长短，按多长时间回家一次为准。自然地，子女外出距离远，时间长，回家次数肯定会减少，对留守老人的生活影响就比较大。同时还要考虑是否是同村或同住子女外出的情况，如果是非同村子女外出，则由于这些子女平时并不跟老人共同生活，他们的外出对留守老人生活影响不大，不构成真正的"留守"。但如果是同村，特别是同住的子女外出，则对老人的生活影响较大，这就是真正的"留守"了。因此，根据实际分析，本研究将留守老人界定为：留守老人是指有同村或同住子女外出长达半年以上的 60 岁及以上的老年人。

2. 空巢老人

与留守老人相关的一个概念是空巢老人，许多研究者往往将留守老人与空巢老人概念混同使用，不加区分，但实际上这两个概念存在很大区别，不能混为一谈。空巢老人的定义源于空巢家庭。石燕（2008）认为要准确定义空巢家庭，必须同时强调三个要素：一是空巢家庭是夫妻家庭，一旦夫妻双方有一方离开则变成独居家庭，而不再是空巢家庭；二是空巢家庭中曾有子女存在；三是空巢家庭必须经历子女离开母家庭这一事实，不同于没有子女的夫妻家庭。[①] 以往研究大多仅强调了其中的某个要素，如罗芳、彭代彦（2007）认为"空巢家庭是指只有一对夫妇，无子女一起居住的家庭"。[②] 这一定义强调了空巢家庭为夫妻家庭这一要素。李瑞芬和蒋宗凤（2006）认为空巢家庭"是指无子女或虽有子女，但子女长大成人后离开老人生

---

① 石燕：《以家庭周期理论为基础的"空巢家庭"》，《西北人口》2008 年第 5 期，第 124—128 页。
② 罗芳、彭代彦：《子女外出务工对农村"空巢"家庭养老影响的实证分析》，《中国农村经济》2007 年第 6 期，第 21—27 页。

活，剩下老人独守'空巢'的家庭"①。这一定义将没有子女的丁克家庭和独居家庭也当作空巢家庭，定义过宽。肖汉仕（1995）认为"家庭空巢是指有子女的家庭，其子女长大成人后离开老人另立门户，剩下老人独守空巢的现象。人们通常将这一纯老人家庭称作空巢家庭"②。这种定义并没有强调空巢家庭是夫妻偶居家庭。石燕由于不满足这些定义，因而对空巢家庭进行重新界定，她认为空巢家庭是指"那些子女离开起源家庭（是指个人生命开始的家庭）、父母仍共同居住的夫妇家庭"。这一定义体现了她所提出的三个构成要素，因而是较为全面的定义。但无论如何定义，生活在空巢家庭的老人就是空巢老人。

根据上述对空巢家庭即空巢老人的定义，空巢老人与留守老人的共同点为：一是二者都曾经有子女存在；二是都经历子女离开家庭这一事实。其区别则体现在以下几个方面：一是空巢家庭的老人是夫妻两人，而留守老人则可以是一个人，也可以是夫妻两人。二是空巢老人的子女离开家庭是因为家庭内部分化所致，空巢老人概念是基于西方国家的家庭生命周期理论提出的，是家庭生命周期发展的自然规律，某种程度上可以认为空巢家庭子女是永久性离开，而留守老人的子女离开家庭大多属于外部力量所致，如子女为了谋生、发展事业或增加家庭收入，一般为暂时性离开。因为所谓"留守"，就是指还有"守"得子女回来的时候，而空巢则意味着子女不再回来与老年人共同居住。三是空巢老人不一定有子女外出，但留守老人则一定有子女外出，而且是同村或同住子女外出。四是空巢老人并不与孙辈共同居住，而留守老人则可能与孙辈共同居住，承担相应的孙辈照料和教养责任。

3. 分居老人

容易跟留守老人相互混淆的概念还有分居老人这一概念。所谓分

---

① 李瑞芬、蒋宗凤：《空巢家庭问题探析》，《北京教育学院学报》2006 第 3 期，第 40—43 页。

② 肖汉仕：《我国家庭空巢现象的成因及发展趋势》，《人口研究》1995 年第 5 期，第 13—16 页。

居老人，是指与子女分开居住的老人，而不是夫妻相互分开居住的老人。分居老人与空巢老人有相同之处：二者都强调与子女分开居住这一事实，但空巢老人是基于家庭生命周期发展而分开居住，分居老人则并不强调这一点。分居老人可以是一个老年人单独居住，而空巢老人强调夫妻共同居住。分居老人也与留守老人不同，分居老人的子女不一定外出，但确定与子女分开居住。留守老人确定与子女共同居住，但子女暂时外出。

（二）主要研究内容

本研究的主要内容包括以下几个方面：

（1）介绍研究区域的留守分布状况、留守老人总体特征和留守老人的生活现状。利用实地调查资料和数据，定性分析了研究区域青壮年劳动力外出在不同地区的差异以及由此导致的老人留守状况差异；运用描述性统计介绍民族地区农村留守老人总体特征，并从经济状况、生活照料、精神慰藉、劳动负担和社会支持状况等方面，全面描述民族地区农村留守老人的生活概貌，对不同群体留守老人生活现状差异进行总体把握。

（2）留守老人的社会保障状况和贫困状况，以及农村社会保障对留守老人的减贫作用和效果。回顾我国农村社会保障发展状况及农村留守老人的社会保障知晓程度和受益情况；从收入贫困和多维贫困视角测量留守老人的贫困状况；建立社会保障减贫效果指标，从覆盖面、保障水平和瞄准精度等方面仔细计算民族地区农村社会保障对留守老人的实际减贫效果，并分析不同保障项目的减贫效果差异及其原因。

（3）农村社会保障减贫效果的影响因素分析及解决留守老人贫困问题的相关建议。运用回归分析模型考察了民族地区农村留守老人的个人、家庭因素以及村庄环境、行政力量因素对农村社会保障在削减留守老人贫困上的综合性影响。综合归纳总结农村留守老人生活面临的主要困难、农村社会保障存在的问题以及社会保障减贫效果的制约性因素，在此基础上提出建立和完善农村社会养老保障服务体系的相应对策建议。

三　研究特色与创新

对比以往研究，本研究具有以下研究特色：

首先，本研究以西南少数民族地区农业社会的留守老人为研究对象，充分考虑了西南民族地区农村在社会经济发展、劳动力流出状况以及少数民族居住格局、少数民族的多元性等方面，与东部发达地区和其他民族地区可能存在的区别。虽然我国目前已有一定数量的关于农村留守老人问题方面的研究文献，但一方面是调查样本较少，研究区域较小，代表性不足；另一方面是较少考虑区域性、民族性差别。从这个角度来看，本研究在一定程度上弥补了现有研究文献的不足，同时也具有一定的政策参考价值和实践指导意义。

其次，本研究结合民族地区农村留守老人实际情况，考察了他们的多维贫困状况，相关老人贫困研究内容得到一定扩展。目前我国已有研究文献主要关注留守老人在子女外出后各方面的生活状况及其影响因素，子女对留守老人的各种支持状况，以及留守老人各方面的特征与子女外出决策等，较少对留守老人的贫困问题进行研究，更缺乏对留守老人多维贫困的思考。本研究认为留守老人存在多方面的脆弱性，而不仅仅是收入贫困，因此，尝试从多个维度建立测量留守老人多维贫困状况的指标体系，并测算和分析了留守老人的多维贫困状况及其影响因素，拓展了老年贫困研究领域。

最后，分析村庄社区环境和行政力量强度对农村社会保障减贫效果的影响也是本研究的特色和创新之一。以往研究社会保障减贫作用和效果的文献主要集中在两个方面：一是从政策制度设计和政策目标出发，通过统计数据和调查数据评估政策结果是否实现预定目标；二是分析影响政策减贫效果的个人、家庭因素，以及执行过程、政策工具等可能导致的政策效果偏差。很少有文献从定量分析的角度考察政策执行环境对政策结果的影响和制约，本研究正是在这一方面提出了一个初步的分析框架。

第二章 文献回顾与研究设计

老年人退出劳动领域后，对家庭、政府和他人的依赖逐渐增强，老年贫困现象较为普遍。特别是子女外出务工而导致家庭养老能力弱化的农村留守老人，他们在获得经济支持、生活照顾和精神慰藉方面存在着更多困难，也是更容易陷入贫困状态的弱势群体。而社会保障作为重要的政府正式制度支持，能够在多大程度上弥补家庭养老能力的不足，逐渐引起研究者的关注。我国作为发展中国家，目前正处于经济社会迅速转型的关键时期，大量农村劳动力向城镇转移，导致农村留守老人的养老问题相当突出，国内外学者对此给予高度关注，下文我们将对留守老人的相关研究文献进行回顾。

一 文献回顾

（一）老年贫困问题研究

老年贫困现象是世界各国的普遍现象，即使在发达国家，老年贫困问题也长期存在。可以说，老年贫困问题是一个世界性的社会经济问题，一直受到国际社会的广泛关注。第二届世界老龄大会通过的《政治宣言》和《2002年老龄问题国际行动计划》都明确提出将减少老年贫困现象作为国际行动的一个基本目标，并以消除老年贫困作为各国行动的最终目标。同时，老年贫困问题也是学术界非常关注的重要研究领域。

国外研究者一般认为贫困是一个与年龄维度紧密相关的问题，领取养老金的老年人比领取薪水的劳动者更容易受到贫困的困扰。① 因为老年人退出劳动领域后，显然难以通过自身努力改变养老金领取水平，而年轻人则可以努力工作来增加工资收入，因而老年人更容易陷入贫困状况。随着发展中国家人口老龄化的到来及发达国家老龄化的深入发展，老人数量和比例越来越高，国内外研究者和政策制定者都非常关注老年贫困问题。因此，无论在发达国家，还是发展中国家，老年贫困问题都是贫困研究的重点领域。且老年贫困研究结论惊人地相似，都认为在一个快速变化和发展的现代社会，老年人在体力上，以及对新知识、新技术的掌握显然比不上年轻人，老年人口往往是贫困率发生较高的社会群体，亦是贫困人口中的弱势群体。当然，这一点是显而易见的，容易达成共识。但是对老年人贫困归因问题却存在严重分歧：其中一种观点认为，老人陷入贫困的主要原因是晚年生理机能的衰退，各种疾病风险的增加与可预期的负面生活事件，如丧偶等。② 由于这种观点带有明显的将贫困原因归结于老年人个体责任的倾向，很快受到另一种观点的强烈批判。另一种观点反对将贫困归咎于个体层面的纯粹生理性因素，而是强调社会结构存在缺陷，即认为"社会系统对老年人的定型与歧视的过程"③ 限制了老年人的选择机会，制约着老人的发展与可以掌握的资源结构，这才是导致老年群体贫困化及边缘化的主要因素。④ 后一种观点逐渐取代前一种观点，成为当前的主流意识，使得研究者和政策制定者更加注重政策制度结构以及各种环境对老年贫困的负面影响，并催生了从社会结构、政策制度方面寻找减贫的相关方法和对策。

需要指出的是，在研究取向上，发达国家和发展中国家存在明显

① Jim Ogg, "Social Exclusion and Insecurity Among Older Europeans: The Influence of Welfare Regimes", *Ageing & Society*, Vol. 25, 2005, pp. 69 – 90.

② Robert Holman, *Poverty: Explanations of Social Deprivation*, New York: St. Martin's Press, 1978.

③ Jocelyn Angus and Patricia Reeve, "Ageism: A Threat to 'Aging Well' in the 21st Century", *The Journal of Applied Gerontology*, Vol. 25, No. 2, 2006, pp. 137 – 152.

④ Chris Phillipson, *Reconstructing Old Age: New Agendas in Social Theory and Practice*, London: SAGE Publications ltd, 1998.

差异。第一，由于发达国家城乡差异并不明显，甚至农村老年人比城市老年人拥有更多财产，[①] 国外探讨老年贫困的文献一般都不区分城镇老人与农村老人，而是对老年人整体进行讨论，对不同国家的老年贫困进行比较分析。如 Ogg（2005）比较了欧洲不同国家老年人贫困状况，他认为社会保障制度成熟的北欧能够很好地保护老年人，而地中海和东欧国家对老人的保护却仍然较弱。第二，在贫困研究中，发达国家和发展中国家采用的测量指标不同，发达国家一般采用相对贫困线指标，欧洲一般以收入低于平均收入的60%为贫困线；发展中国家一般采用绝对贫困线指标，以本国划定的贫困线或世界银行一天2美元为标准。第三，在研究内容上，由于西方发达国家的老年社会福利较充分，研究者更多关注老年健康护理、社区照顾等，发展中国家的老年贫困研究多集中于老年贫困产生的原因及如何削减老年贫困等问题。Michael（1995）等认为和家人生活在一起可以削减老年贫困。[②] Makiwane 和 Kwizera（2006）对南非 Mpumalanga 省进行定量研究得出结论：老年人生活质量差的主要原因在于低收入、几乎没有家庭生活享受以及负有繁重的照顾家庭成员的负担。[③] 第四，在研究贫困维度上也存在差别，发展中国家主要关注老年人的贫困问题，仅仅注重收入维度，而发达国家早在20世纪80年代末90年代初，研究者和政策制定者就已倾向于承认贫困具有多维度特征。[④] 从而往往将社会排斥、脆弱性等概念引入贫困研究中，并将贫困致因拓展到非经济因素。如 Drever 等（1996）认为教育和健康因素无论对于年轻人还

---

① D. 盖尔·约翰逊：《中国农村老年人的社会保障》，《中国人口科学》1999年第5期：第1—10页。

② Michael S. Rendall and Alden Speare, "Elderly Poverty Alleviation through Living with Family", *Journal of Population Economics*, Vol. 8, No. 4, 1995, pp. 383 – 405.

③ Monde Makiwane and Stella Alice Kwizera, "An Investigation of Quality of Life of the Elderly in South Africa, with Specific Referenceto Mpumalanga Province", *Applied Research in Quality of Life*, Vol. 1, No. 3, 2006, pp. 297 – 313.

④ Andreas Hoff, "Tackling Poverty and Social Exclusion of Older People – Lessons from Europe", *Oxford Institute of Ageing Working Papers*, October, 2008.

是老年人而言，都是减贫的核心要素。[①] 教育直接影响社会地位，而身体健康影响活动能力，进而导致陷入贫困状况。

相对而言，研究者更多关注发展中国家老年人的贫困状况，这是因为当前发展中国家的人口老龄化速度快于发达国家，而经济发展水平远远落后于后者，发展中国家老年贫困现象更为突出，解决老年贫困问题也更为艰难。中国作为发展中国家，老年贫困问题自然受到普遍关注。我国学者目前在老年贫困研究上主要集中在以下两个方面：一是讨论贫困标准、贫困测量方法，对老年人贫困数量和贫困发生率进行测算。如乔晓春等（2005）根据中国城乡老年人口一次性抽样调查数据给出了绝对贫困标准，并测算出 2000 年中国 60 岁以上老人大约有 17.5% 的比例处于贫困之中，其中城市贫困老人占 15%，农村贫困老人占 18.8%。[②] 于学军（2003）认为，2000 年中国大约有 1/3 的 60 岁以上老年人口处于相对贫困状态。[③] 王德文和张恺悌（2005）以老人自评的经济状况为基准计算认为，2005 年全国老年贫困发生率仅为 7.1%—9%，其中城市为 4.2%—5.5%，农村为 8.6%—10.8%。[④] 由于采用的数据和测算方法不同，对老年贫困数据估算差异较大。二是对老年人贫困特点、群体差异与贫困致因的分析，尤其是对农村老年贫困给予更多关注。如张恺悌等（2004）认为，相对于大多数能够领取退休金的城市老人，农村老人主要依靠家庭作为自己生活的保障。这种保障具有很大不确定性和风险，因为这种保障方式不仅会受到家庭成员构成和家庭经济状况的影响，同时还会受到子女、亲属对老年人赡养义务履行程度的影响。[⑤] 乔晓春等（2006）利

① F. Drever, M. Whitehead and M. Roden, "Current Patterns and Trends in Male Mortality by Social Class Based on Occupation", *Population Trends*, Vol. 8, No. 86, 1996, pp. 15 – 20.

② 乔晓春、张恺悌等：《对中国老年贫困人口的估计》，《人口研究》2005 年第 2 期，第 8—15 页。

③ 于学军：《老年人口贫困问题研究》，中国老龄科学研究中心：《中国城乡老年人口状况一次性抽样调查数据分析》，中国标准出版社 2003 年版，第 55—88 页。

④ 王德文、张恺悌：《中国老年人口的生活状况与贫困发生率估计》，《中国人口科学》2005 年第 1 期，第 58—66 页。

⑤ 张恺悌、孙陆军、苗文胜：《中国农村老年人的贫困问题》，《市场与人口分析》2004 年增刊，第 44—48 页。

用20省大样本调查数据推断分析了我国老年贫困人口的群体差异，结果发现：农村老人贫困的比例高于城市老人；女性老人的贫困比例高于男性老人；高龄、受教育程度低的老人的贫困比例高于低龄和受教育程度高的老人。[①] 正式制度和非正式社会支持的缺失是农村老年人贫困的根源，所谓正式制度，主要指国家或者社会为了保障老年人的利益而出台的相关法律法规和制度设计；非正式社会支持是指家庭成员、邻里、亲戚等的帮助。[②] 就目前研究文献来看，我国关于老年贫困问题的研究文献仍然较少，研究仍处于起步阶段。

（二）留守老人问题研究

农村留守老人是工业化和城镇化的直接产物，发达国家早就完成了工业化和城镇化过程，农村中并不存在大量留守老人，因而留守老人问题主要集中在发展中国家中欠发达地区的农村。国内外研究农村留守老人问题的文献在进入21世纪后才逐渐增多，且也都集中在快速工业化和城镇化的发展中国家，如Kanaiaupuni（2000）对墨西哥留守老人，Adhikari等（2011）对泰国留守老人，Hugo（2001）、Kuhn（2003，2005，2011）对印度尼西亚留守老人进行的研究。我国最早研究留守老人的文献出现在1996年，[③] 但早期的留守老人是指一些大城市由于子女出国而孤独地留守在国内的老人，并非指由于子女外出务工而留守在原住地的农村老人。之后，国内一些报纸和期刊开始刊登关于留守老人问题的文章，[④] 开始报道留守老人个案生活状况，人们才开始关注国内青壮年劳动力的迁移流动造成的农村留守老人生

[①] 乔晓春、张恺悌、孙陆军：《中国老年贫困人口特征分析》，《人口学刊》2006年第4期，第3—8页。

[②] 罗遐、于立繁：《我国农村老年贫困原因分析与对策思考》，《生产力研究》2009年第1期，第110—112页。

[③] 刘炳福：《留守老人的问题不容忽视——老年特殊群体调查之一》，《上海大学学报》（社会科学版）1996年第4期，第47—51页；袁缉辉：《别忘了留守老人》，《社会》1996年第5期，第20—21页。

[④] 阎岐山：《留守老人，多保重》，《农村天地》1998年第4期；李方敏：《留守老人的辛酸泪》，《健康博览》1998年第10期；孙连兴：《关注乡村留守老人》，《浙江日报》2000年9月2日；蔡清辉：《留守老人孤独的守护者》，《中国老年报》2001年2月20日；吴思辉、肖庆松：《关注留守老人》，《福建日报》2004年3月22日。

活问题。但直到 2004 年，我国学界才正式对由于农村子女外出务工对留守老人生活造成的各种影响展开研究。① 特别是中国人民大学老年学研究所于 2004 年 7 月在河北、河南和安徽进行了题为"农村子女外出务工对留守老人的影响"的调查；2004 年 9 月，《人口研究》编辑部组织的"人口发展论坛"对"农村留守家庭"问题进行专题讨论之后，农村留守老人的养老问题才逐渐成为学术界的一个研究议题。到 2006 年，周福林利用 2000 年全国第五次人口普查数据分析了我国留守老人总量、年龄构成、地区构成和家庭类型，计算出当时我国留守老人总量为 1790 万人，并指出留守老人分布密度在市、镇、乡之间和地区之间存在明显差异，且由于人口流动使生活在隔代家庭的老年人比重大大增加。② 同年，中国老年学学会 2006 年老年学学术高峰论坛中的几篇文章也特别关注了留守老人的生活状况。③ 至此，农村留守老人问题逐渐成为学界关注的对象，后来逐渐成为包括人口学、社会学、社会保障学、社会医学等专业硕士生毕业论文选题。调查研究方法则包括问卷调查、个案访谈、参与观察等，这些研究从不同学科领域出发，对留守老人的生活状况进行了研究，不断拓宽了这一领域的研究范围和研究议题。

就现有关于农村留守老人的研究文献来看，国内外研究者都主要关注子女外出对留守老人在经济供养、生活照料、精神慰藉、劳动负担等方面带来的影响。这些影响主要分为积极影响和消极影响两个方面，其中，比较一致的观点是：认为子女外出能够增加经济收入，从而增加对留守老人的经济供给，这是积极影响方面。但是，子女外出减少了对留守老人的生活照顾和精神慰藉，同时还增加了留守老人的劳动负担，这是子女外出带来的消极影响。但目前国内外在这方面的

---

① 郑青：《论地方政府对农村"留守"老人养老的政策导向》，《甘肃行政学院学报》2004 年第 4 期，第 17—18 页；杜鹏、丁志宏等：《农村子女外出务工对留守老人的影响》，《人口研究》2004 年第 6 期，第 44—52 页。

② 周福林：《我国留守老人状况研究》，《西北人口》2006 年第 1 期，第 46—49 页。

③ 曹修龙：《农村留守老人生活现状及对策》；吉天明、王凤莲：《关怀田园"留守老人"构建和谐的新农村》；王澎湖、林伟、李一男：《农村家庭子女外出务工与留守老人生活满意状况》，《中国老年学学会 2006 年老年学学术高峰论坛论文集》，2006 年 10 月。

研究结论存在一定分歧，特别是在子女外出是否增加对留守老人的经济供给方面存在明显不同的意见。国外一些研究也表明，子女外出务工增加收入，从而提高他们对留守老人的经济供养能力，留守老人的生活条件因此得到改善。① 另一些研究则指出，子女外出减少甚至阻断了其与家庭的联系，孝道被淡化，支持意愿降低，恶化了老人的经济状况。② 我国学者的研究结论也不一致，一些研究表明，子女外出务工收入提高，留守老人的经济也因此而有所改善。③ 即使在贵州民族地区的调查也发现，子女外出务工对改善留守老人的经济状况具有明显的积极作用。④ 外出子女成为留守老人经济支持的主要提供者。但另一些研究结论则显示，即使外出子女收入明显提高，留守老人的收入也不会自动增加。一方面可能是外出子女收入提高的部分被工作地的高消费吸纳，或是孝道淡化而减少对留守老人的经济支持。有学者指出，子代与父辈之间的资源交换存在不平衡性。父辈愿意倾其所有照顾子女，然而，子女对老人的供养却越来越依赖其自觉性，越来

① John Knodel and Chanpen Saengtienchai, "Rural Parents with Urban Children: Social and Economic Implications of Migration for the Rural Elderly in Thailand", *Population*, *Space and Place*, Vol. 13, No. 3, 2007, pp. 193 – 210; Randall Kuhn, "Identities in Motion: Social Exchange Networks and Rural – Urban Migration in Bangladesh", *Contributions to Indian Sociology*, Vol. 37, No. 1 – 2, 2003, pp. 311 – 337; Kuhn, Randall S., Bethany Everett, and Rachel Silvey, "The Effects of Children's Migration on Elderly Kin's Health: A Counterfactual Approach", *Demography*, Vol. 48, No. 1, 2011, pp. 183 – 209.

② Ronald Skeldon, "Ageing of Rural Populations in South – East and East Asia", in: United Nations, New York: The World Ageing Situation: Exploring a Society for, All Ages. Department of Economic and Social Affairs, ST/ESA/271, 2001, pp. 38 – 54; M. Macwangi, L. Cliggett and G. Alter, "Consequences of Rural – Urban Migration on Support for the Elderly in Zambia", *Presented at the Annual Meeting of the Population Association of America*, New Orleans, Louisiana, 1996.

③ 杜鹏、丁志宏等：《农村子女外出务工对留守老人的影响》，《人口研究》2004 年第 6 期，第 44—52 页；蔡蒙：《劳务经济引致下的农村留守老人生存状态研究——基于四川省金堂县竹篙镇的实证分析》，《农村经济》2006 年第 4 期，第 118—121 页；左冬梅、李树苗：《基于社会性别的劳动力迁移与农村留守老人的生活福利——基于劳动力流入地和流出地的调查》，《公共管理学报》2011 年第 2 期，第 93—100 页；郭源：《农村留守老人社会支持分析——基于安徽、河南、湖南、江西和四川五省的调查》，《前沿》2011 年第 9 期，第 136—137 页。

④ 黄迪：《黔西北六寨苗族留守老人生存质量研究》，《人口·社会·法制研究》2011 年第 00 期：第 223—227 页。

越不愿意承担老年人经济供养的职责。① 另一方面可能是外出子女增加的收入没有突破供养的阈限值，供养阈限值处于发展资金与闲置资金的边界，无法为留守老人提供更多经济支持。②

稍微中性一些的观点认为，子女外出实际没有明显改善留守老人的生活条件。相关调查数据显示，46.6% 的留守老人全年获得外出子女的经济支持少于 500 元，18.0% 的留守老人没有获得外出子女的任何经济供养。③ 大多数留守老人仍然通过自己劳动获得收入。如李春艳、贺聪志（2010）发现，留守老人通过自己劳动获得收入的比例高达 80.9%；④ 周祝平（2009）的调查显示，农村留守老人的主要收入来源于自己本人或配偶的占 63.7%；⑤ 桂海君（2010）在贵州苗族地区的调查也发现，有 67% 的留守老人的生活费来源于自己劳动所得。⑥ 但大多数调查结果显示，留守老人对子女及其他家庭成员的经济依赖比较强，⑦ 且越是高龄对子女的依赖度越高。⑧ 而经济上获得政府或村委会帮助的留守老人数量很少，只占 7.52%。⑨ 重要的是，无论外出子女是否明显改善留守老人的经济供养状况，留守老人的经济条件总体仍然处于较低水平，且子女的经济支持具有不稳定性。因

---

① 关颖：《改革开放以来我国家庭代际关系的新走向》，《学习与探索》2010 年第 1 期，第 110—113 页；刘立callback：《农村家庭养老中的代际交换分析及其对父代生活质量的影响》，《南开人口》2004 年第 2 期，第 52—57 页。

② 张胜荣、聂焱：《欠发达地区农村劳动力外流对老年人经济支持影响的实证研究——以贵州省大方县响水乡以堵村中寨队为例》，《清华大学学报》（哲学社会科学版）2012 年第 4 期，第 46—54 页。

③ 叶敬忠、贺聪志：《静莫夕阳——中国农村留守老人》，社会科学文献出版社 2008 年版，第 90—91 页。

④ 李春艳、贺聪志：《农村留守老人的政府支持研究讨论》，《中国农业大学学报》（社会科学版）2010 年第 1 期，第 113—120 页。

⑤ 周祝平：《农村留守老人的收入状况研究》，《人口学刊》2009 年第 5 期，第 32—37 页。

⑥ 桂海君：《贵州苗族地区留守老人问题研究》，《贵州大学学报》（社会科学版）2010 年第 2 期，第 93—97 页。

⑦ 周福林：《我国留守老人状况研究》，《西北人口》2006 年第 1 期，第 46—49 页。

⑧ 马强：《劳动力迁移背景下农村留守老人经济供养状况实证研究》，《重庆文理学院学报》（社会科学版）2011 年第 2 期，第 69—72 页。

⑨ 罗蓉、成萍：《农村留守老人养老现状研究》，《人民论坛》（旬刊）2010 年第 7 期（中），第 222—223 页。

此，农村留守老人经济贫困现象较为普遍。

在农村留守老人生活照料研究方面，研究文献也较多，且结论比较一致，普遍认为子女外出尤其是女性外出，直接减少了留守老人生活照料的可获得性，特别是丧偶的留守老人的生活照料潜藏严重危机。孙鹃娟（2006）和叶敬忠等（2008）研究发现，由于子女外出，大多数留守老人还承担着照料孙辈和农业生产的繁重任务，本应是被照料者，却变成了照料提供者。[①] 一般认为，子女外出务工即使能够增加对农村老年父母的经济支持，但也会造成生活照料和情感支持减少，经济支持"远远不能补偿对老人生活照料方面的不足"，同时还加重老年人照料孙子女的负担，影响了老年人的健康福利。[②] 空间距离使得外出子女无法为留守老人提供生活照料。有研究显示，子女外出后，得过大病而身边没有子女照顾的留守老人的比例高达 62.4%，而患病期间外出子女回来照料的只有 13%，有 12% 的留守老人得不到别人照料，另有 15.9% 由配偶照料，依然有将近一半（48.2%）的患病留守老人不得不依靠同住子女和当地子女照料，能够得到亲戚和邻居照料的比例非常小，分别仅为 1.8% 和 0.5%。[③] 配偶和不同住的未外出子女成为照料主体。如果老人居住地没有其他子女，则留守老人成为"生活照料的自我提供者或配偶支持者"。留守老人的日常生活照料由"自己"和"老伴"提供的比例分别高达 96.0% 和 62.5%。[④] 可见，子女外出务工确实对留守老人的生活照料，尤其是患病期间的照料造成了负面影响，同时也加重了其他家庭成员的照料负担。

---

① 孙鹃娟：《劳动力迁移过程中的农村留守老人照料问题研究》，《人口学刊》2006 年第 4 期，第 14—18 页；叶敬忠、贺聪志：《静莫夕阳——中国农村留守老人》，社会科学文献出版社 2008 年版，第 165、190 页。

② Graeme Hugo, "Effects of International Migration on the Family in Indonesia", *Asian and Pacific Migration Journal*, Vol. 11, No. 1, 2002, pp. 13 -45；申秋红、肖红波：《农村留守老人的社会支持研究》，《南方农业》2010 年第 2 期，第 5—8 页。

③ 孙鹃娟：《劳动力迁移过程中的农村留守老人照料问题研究》，《人口学刊》2006 年第 4 期，第 14—18 页。

④ 贺聪志、叶敬忠：《农村劳动力外出务工对留守老人生活照料的影响研究》，《农业经济问题》2010 年第 3 期，第 46—53 页。

在留守老人精神慰藉上的研究表明，子女外出对留守老人的精神慰藉造成严重负面影响。由于子女外出，留守老人不但自己得不到子女提供的生活照料，还变成了照料提供者。实际上，子女的生活照料蕴含着精神慰藉功能，然而空间距离不但阻碍子女提供生活照料，同时还降低了留守老人获得情感慰藉的可及性与可得性，因而子女外出还会使得农村留守老人的精神需求满足受到影响。农村留守老人的精神慰藉呈现出"差序格局"状态，子女、配偶、亲戚、邻里、社会机构等对留守老人精神安慰方面的影响作用依次递减。[①] 这意味着，在精神慰藉上，子女和配偶对留守老人的精神慰藉作用难以通过其他人来替代。这样，子女外出便很容易造成留守老人精神上的空虚寂寞，如果是丧偶老人，则精神上更加容易陷入极度无助状态，产生严重的心理问题。许多调查结果显示，留守老人精神上感到孤独的比例较高。Adhikari 等（2011）对泰国 28677 位留守老人的调查数据分析显示，留守老人的精神状况明显比非留守老人差。[②] 叶敬忠等（2008）调查表明，留守老人的孤独感高达 36.3%，远高于非留守老人的27.7%；女性留守老人的孤独感比例高于男性，留守老人的孤独感随年龄增长呈上升趋势。[③] 罗蓉等（2010）在贵州的调查发现，有78.6%的留守老人会觉得孤独。[④] 黄强（2009）在四川的调查也显示，留守老人中孤独感"特别严重"和"严重"者占受访老人总数的67.3%。[⑤] 子女外出前后的对比研究表明，老年人在子女外出后孤独感增加。子女外出前老人感到孤独的比例为16.7%，而子女外出

① 方菲：《劳动力迁移过程中农村留守老人的精神慰藉问题探讨》，《农村经济》2009年第3期，第107—110页。

② Ramesh Adhikari, Aree Jampaklay, Aphichat Chamratrithirong, "Impact of Children's Migration on Health and Health Care – seeking Behavior of Elderly Left Behind", *Bmc Public Health*, Vol. 11, No. 1, 2011, pp. 1 – 8.

③ 叶敬忠、贺聪志：《静莫夕阳——中国农村留守老人》，社会科学文献出版社 2008年版，第313—314页。

④ 罗蓉、成萍：《农村留守老人养老现状研究》，《人民论坛》（旬刊）2010年第7期（中），第222—223页。

⑤ 黄强：《农村留守老人生存状况剖析——基于对四川省宣汉县毛坝镇的调查研究》，《经济与社会发展》2009年第6期，第112—115页。

后，老人感到孤独的比例达到了50.8%。① 当然，也有研究认为，子女外出对留守老人精神慰藉存在有利的方面。因为外出人员给家里提供的资金和物品等经济支持能使留守老人在村里的地位相对提升，生活有较大改善，这在一定程度上弥补了子女外出给留守老人带来的孤独感。② 但外出子女的经济供养能够在多大程度上弥补留守老人的精神寂寞，目前并不知道，也难以准确测量。无论如何，由于子女外出造成空间阻隔，电话成为外出子女和留守老人联系的主要方式。但调查发现，外出子女很少与父母沟通，打电话时的话题主要是留守儿童。③ 子女外出不但使得子女与老人之间无法进行面对面交流，而且还可能导致生活方式差异，缺少共同交流话题，更增加留守老人的孤独感。

此外，子女外出还对留守老人的劳动负担和社会参与造成负面影响。由于子女外出，留守老人需要承担繁重的田间劳动和家务劳动，甚至许多留守老人还需要照顾孙辈，在劳动负担加重的同时，还减少了社区活动参与时间。许多调查研究发现，农村子女外出务工使留守老人的家务负担和农业劳动负担都有所加重，④ 劳动强度也有所增加。⑤ 其中，在安徽的调查还发现，子女外出使老人从事农业生产的比例提高了5.8个百分点。⑥ 从理论上来讲，在土地资源难以按边际效益相等规律自由配置的前提下，留守老人在很大程度上不得不承担

① 杜鹏、丁志宏等：《农村子女外出务工对留守老人的影响》，《人口研究》2004年第6期，第44—52页。

② 杜鹏、李一男等：《流动人口外出对其家庭的影响》，《人口学刊》2007年第1期，第3—9页。

③ 张文娟、李树苗：《子女的代际支持行为对农村老年人生活满意度的影响研究》，《人口研究》2005年第5期，第73—80页。

④ 杜鹏：《聚焦"386199"现象关注农村留守家庭人口流动对农村留守老人的影响》，《人口研究》2004年第4期，第25—36页；孙鹃娟：《劳动力迁移过程中的农村留守老人照料问题研究》，《人口学刊》2006年第4期，第14—18页。

⑤ 夏益俊：《新农村建设中的"留守老人"问题——基于江苏省东台市的调查与思考》，《理论学习》2009年第6期，第33—34页。

⑥ 白南生、李靖、陈晨：《子女外出务工、转移收入与农村老人农业劳动供给——基于安徽省劳动力输出集中地三个村的研究》，《中国农村经济》2007年第10期，第46—52页。

着农村经济发展的重任并成为农业生产的重要组成部分。[①] 李春艳等（2010）的调查表明，有 80.6% 的留守老人仍在从事农业生产活动。[②] 而江西省的调查数据分析结果表明：农村留守老人已经成为江西农业生产中一支不可或缺的力量。但与此同时，社区和村委会在为留守老人提供劳动帮扶方面存在角色缺位现象，农产品价格保护、农资价格控制、农业生产技术咨询服务及自然灾害补偿等留守老人急需的政策和服务供给严重不足。[③] 最终使得农村留守老人在劳动负担加重的情况下，仍然难以从农业生产中获得更多经济收入。劳动负担加重的同时，收入并不增加，且社会活动参与时间减少，缺乏社会交往导致留守老人渐渐脱离农村社会，生活在自我构建的精神孤岛中，从而对身体健康和精神状态都产生负面影响。

（三）社会保障的减贫作用和效果研究

社会保障作为基本的减贫手段与途径，长期以来一直受到西方国家重视。英国 1601 年"旧济贫法"开创了社会保障解决贫困问题的方式。德国政府 1983 年开始运用社会保障政策作为缓解贫困问题的制度化手段。20 世纪 30 年代经济危机时期，凯恩斯的"国家干预主义"分析了政府在减贫方面的重要作用，强调政府在减缓贫困方面的重要责任，成为工业化国家建立现代社会保障制度和福利国家的重要理论支柱。1941 年的《贝弗里奇报告》则直接将社会保障的目标界定为消除贫困，并帮助英国建成了"福利国家"。1964 年美国政府发动的"向贫困宣战"，也主要是借助扩展社会保障政策来达到减贫的总体目标。可以说在政府政策上，欧美国家早已将社会保障与减贫目标紧密地联系在一起。

在学术研究方面，英国的布什（Booth）和朗特里（Rowntree）最

---

① 蔡蒙：《劳务经济引致下的农村留守老人生存状态研究——基于四川省金堂县竹篙镇的实证分析》，《农村经济》2006 年第 4 期，第 118—121 页。

② 李春艳、贺聪志：《农村留守老人的政府支持研究》，《中国农业大学学报》（社会科学版）2010 年第 1 期，第 113—120 页。

③ 康小兰、汪建华、邹晓娟：《个体特征、环境特征与农村留守老人农业生产行为——基于江西调查数据》，《江西农业大学学报》（社会科学版）2011 年第 2 期，第 53—59 页。

早从社会保障和社会救助的角度研究贫困问题，对后来的研究产生了深远的影响。缪尔达尔（1988）也认为社会保障能够促进社会公平和经济平等，进而达到消除贫困的目的。20世纪80年代以来，西方学者开始将研究重点转向对社会保障的减贫效果的实证考察和分析。相关研究显示，社会保障计划具有显著的减贫效果。如 Kenworthy（1999）对15个西方工业化国家的数据分析表明，在1960—1991年，除了美国以外，其他国家的社会保障体系都具有明显的减贫效果，包括绝对贫困和相对贫困。美国的社会保障体系主要是受到选民和政策制定者的强烈抵制，而使其作用削弱。[1] 其他研究者还发现：①不同社会保障项目的减贫作用大小不同，一般认为，最低收入保障计划或收入维持计划的减贫效果最为明显;[2] ②非缴费型社会保障计划的减贫效果比较明显;[3] ③相同的社会保障计划对弱势群体的减贫效果比对一般人群更明显。[4] 但同时也有研究认为，社会保障对减贫方面的作用很小，甚至带来了一些负面影响。[5]

与年轻人相比，老年人属于弱势群体，其对社会保障的依赖更强，社会保障支持往往成为理解老年贫困的关键因素。许多研究表明，社会保障对减少非劳动力人口尤其是老人贫困现象发挥了重要的作用。一个国家的养老金制度会直接影响到该国老年贫困的程度。Zimmer 等认为社会保障对老年人的贫困发生率具有重要影响，并且公

---

[1] Lane Kenworthy, "Do Social – Welfare Policies Reduce Poverty? A Cross – National Assessment", *Social Forces*, Vol. 77, No. 3, 1999, pp. 1119 – 1139.

[2] Christina Behrendt, "Holes in the Safety Net? Social Security and the Alleviation of Poverty in a Comparative Perspective", *Luxembourg Income Study Working Paper*, No. 259, December 2000; Walter Korpi and Joakim Palme, "The Paradox of Redistribution and Strategies of Equality: Welfare State Institutions, Inequality, and Poverty in the Western Countries", *American Sociological Review*, Vol. 63, No. 5, 1998, pp. 661 – 687.

[3] Armando Barrientos, "Non – contributory Pensions and Poverty Reduction in Brazil and South Africa", January 2005, http://www. researchgate. net/publication/228902799.

[4] Gary V. Engelhardt and Jonathan Gruber, "Social Security and the Evolution of Elderly Poverty", Prepared for the Berkeley Symposium on Poverty, the Distribution of Income, and Public Policy, March 2004, http://www. docin. com/p – 1391030091. html.

[5] Lane Kenworthy, "Do Social – Welfare Policies Reduce Poverty? A Cross – National Assessment", *Social Forces*, Vol. 77, No. 3, 1999, pp. 1119 – 1139.

共福利能够弥补子女数量的减少。[①] Asghar Zaidi 等分析了 17 个欧盟国家 65 岁以上老年人的贫困风险率和公共养老金给付水平之间的定量关系，结果表明，每增加 1 单位的公共养老金能够减少大约 0.8 个单位的老年贫困。[②] 也就是说，公共养老金给付水平越高，老年贫困风险率越低。公共养老金的给付水平与老年贫困之间存在显著负相关关系。龚志民等（2008）对欧盟国家的研究也表明，公共养老金的给付水平直接影响到老年人特别是低劳动收入者的收入水平，公共养老金给付水平下降会加剧老年贫困，且越是低收入的老年人越依赖社会保障支付水平的高低。[③] 即使对于社会保障较弱的国家，社会保障对老年人的减贫效果也非常显著。1997 年美国社会保障帮助 3/4 的 65 岁以上老年人脱贫，老年贫困率从 47.6% 下降到 11.9%。[④] Leonardo Gasparini 等对拉丁美洲和加勒比地区 20 个国家的研究也发现，在社会保障较完善的国家，如阿根廷、巴西等，老年人的贫困率较低，且低于本国总人口贫困率；但在社会保障较弱的国家，老年贫困率很高，远远高于本国总人口贫困率。[⑤] 由此可见，社会保障制度特别是养老金制度对减缓老年贫困具有重要的作用。

刘家强等（2005）认为，社会保障与减贫之间具有紧密的联系，甚至可以说社会保障就是为减贫而生，是减贫的重要手段。[⑥] 特别是

---

① Zimmer, Zachary and Julia Kwong, "Family Size and Support of Older Adults in Urban and Rural China: Current Effects and Future Implication", *Demography*, Vol. 40, No. 1, 2003, pp. 23 – 44.

② Asghar Zaidi, Bernd Marin, Michael Fuchs. "Pension Policy in EU25 and Its Possible Impact on Elderly Poverty", http://www.euro.centre.org/data, 2006.

③ 龚志民、刘山、李时华：《欧盟老年贫困对中国养老金制度改革的启示》，《未来与发展》2008 年第 5 期，第 73—76 页。

④ Kathryn H. Porter, Kathy Larin, Wendell Primus, "Social Security and Poverty Among the Elderly: A National and State Perspective", *Paper for the Center on Budget and Policy Priorities*, April 1999.

⑤ Leonardo Gasparini, Javier Alejo, Francisco Haimovich, Sergio Olivieri, Leopoldo Tornaroli, "Poverty among the Elderly: in Latin America and the Caribbean", *Journal of International Development*, Vo. 22, No. 2, 2010, pp. 176 – 207.

⑥ 刘家强、唐代盛、蒋华：《中国新贫困人口及其社会保障体系构建的思考》，《人口研究》2005 年第 5 期，第 10—18 页。

在新时期我国贫困人口自身条件发生改变，[①] 贫困人口分布已由区域的、整体性的贫困过渡到个体性贫困，[②] 贫困性质已经发生变化，区域性开发式扶贫的效果不再显著的情况下，[③] 社会保障特有的减贫功能逐渐被人们关注，并从理论逻辑上推导社会保障应该具有重要的减贫作用。[④] 但实证研究表明，我国社会保障制度在实践中的减贫效果并不理想。徐月宾等（2007）利用调查数据进行多元 Probit 模型分析，对社会保障的减贫效果进行了定量考察，结果表明，农村社会救助的减贫效果非常有限，社会救助只降低了 10% 的贫困率。[⑤] 但也有不同研究结果，如王德文和蔡昉（2005）调查研究发现，收入转移，特别是公共收入转移对减缓城市贫困和收入不平等具有显著作用，而高失业率和社会保障体系不完善是造成城市贫困问题恶化的重要原因。[⑥] 然而，从宏观数据之间的关联性来看，我国社会保障支出增加，并没有缩小城乡收入分配差距，反而加大了城乡收入差距，[⑦] 特别是农村贫困人口能够从社会保障中得到的收益较少，严重制约了我国社会保障制度的减贫效果。

同样地，我国学者也关注社会保障对老年贫困的影响。现代工业

---

① 唐新民：《社会保障：持久扶贫阶段的基础制度保证》，《经济研究参考》2006 年第80 期，第34—39 页。

② 都阳、蔡昉：《中国农村贫困性质的变化与扶贫战略调整》，《中国农村观察》2005年第 5 期，第2—9 页。

③ 徐月宾、刘凤芹、张秀兰：《中国农村反贫困政策的反思——从社会救助向社会保护转变》，《中国社会科学》2007 年第 3 期，第40—53 页。

④ 都阳、蔡昉：《中国农村贫困性质的变化与扶贫战略调整》，《中国农村观察》2005年第 5 期，第2—9 页；徐月宾、刘凤芹、张秀兰：《中国农村反贫困政策的反思——从社会救助向社会保护转变》，《中国社会科学》2007 年第 3 期，第40—53 页；陈银娥：《中国转型期的城市贫困与社会福利制度改革》，《经济评论》2008 年第 1 期，第40—44 页。

⑤ 徐月宾、刘凤芹、张秀兰：《中国农村反贫困政策的反思——从社会救助向社会保护转变》，《中国社会科学》2007 年第 3 期，第40—53 页。

⑥ 王德文、蔡昉：《收入转移对中国城市贫困与收入分配的影响》，《开放导报》2005年第 6 期，第5—14 页。

⑦ 徐倩、李放：《财政社会保障支出与中国城乡收入差距——理论分析与计量检验》，《上海经济研究》2012 年第 11 期，第81—88 页；胡宝娣、刘伟、刘新：《社会保障支出对城乡居民收入差距影响的实证分析——来自中国的经验证据（1978—2008）》，《江西财经大学学报》2011 年第 2 期，第49—54 页。

社会中，家庭不再是主要生产单位，家庭的经济收入主要依靠进入现代企业工作获得，家庭成员间的经济相对独立，与家庭成员数量多少的关系不大，家庭生活风险（包括老年人的贫困风险）很大程度上取决于国家社会保障政策。① 社会保障制度不健全，保障水平低，往往是老年人口致贫的重要原因之一，尤其是在社会财富分配不均、社会保障体系不尽完善的情况下，老年贫困现象更为严重。② 对于社会保障是否有助于减少老年贫困问题，我国学者一般认为不同社会保障项目的减贫作用和效果存在差异。如王德文研究发现，养老保障能够明显改善农村老年人的贫困状况，使其贫困发生率下降，贫困深度和贫困强度降低。但农村社会救助对降低老年贫困率的作用不大，只能降低贫困深度和贫困强度。同样地，养老保障对农村老年人的贫困削减具有显著作用，但医疗保障和社会救助的影响并不显著。③ 原因可能是中国目前的社会救助政策内容庞杂，其中大部分政策可操作性差，涉及面窄等，不仅对消缓老年贫困的效果有限，制度运行成本也很高，从而影响到社会救助的效率。④ 此外，社会保障还可能对子女经济供养存在一定挤出效应。如桂世勋和倪波（1995）提出子女对老年人经济供养的"填补"理论，该理论强调子女对老人的经济供养额应该与老人实际需求保持一致，能够维持老人正常生活。⑤ 也就是说，当老年人获得社会保障支付后，子女会减少对老年人的经济支持，社会保障支付对子女经济支持具有一定的挤出效应。但也有不同观点，如胡宏伟等（2012）认为，社会保障总体上对子女经济供养老人的水平具有挤入效应，老年人获得社会保障总体上将提高子女对其经济供

---

① 王跃生：《城乡养老中的家庭代际关系研究——以 2010 年七省区调查数据为基础》，《开放时代》2012 年第 2 期，第 102—121 页。

② 王宁、庄亚儿：《中国农村老年贫困与养老保障》，《西北人口》2004 年第 2 期，第 55—58 页。

③ 王德文：《中国老年收入、贫困与养老保障问题研究》，http：//iple. cass. cn/news/479208. htm。

④ 陈友华、苗国：《老年贫困与社会救助》，《山东社会科学》2015 年第 7 期，第 104—113 页。

⑤ 桂世勋、倪波：《老人经济供给"填补"理论研究》，《人口研究》1995 年第 6 期，第 1—6 页。

养水平。原因在于社会保障释放了老年人的养老服务需求，进而增加了相应支出，并最终导致子女增加了经济供养支出。[①] 但总体而言，我国绝大多数学者认为，我国当前社会保障制度仍不完善，农村社会保障政策缺位往往导致留守老人问题被"家庭化"，社会保障还很难在减缓留守老人贫困方面发挥更大作用，留守老人的生活状况堪忧。

（四）文献研究述评

通过对以上文献的梳理我们发现：无论国内还是国外研究，一国或地区的社会保障是否具有减贫效果以及减贫作用大小如何，在实证研究上仍然没有达成一致意见。原因在于社会保障项目设置不同，社会保障支出水平和结构存在差异，保障对象的个体、家庭特征，以及政策执行环境有所差别，导致减贫作用和效果也出现差异。因此，对民族地区农村留守老人的社会保障状况及其减贫效果进行研究是非常有必要的。同时，结合研究区域的现实情况及社会保障发展状况我们还发现，以往关于农村留守老人社会保障与减贫效果方面的研究文献存在以下不足：一是我国现有文献仍没有针对留守老人社会保障方面的专门研究，政策上也还没有针对留守老人的社会保障制度安排，而在子女外出、家庭养老功能不断弱化的背景下，留守老人正在面临来自各方面的生活困难，说明现有农村社会保障体系存在较大漏洞，迫切需要填补制度缺失；二是基于地区、城乡和群体之间存在巨大差距的现实国情，民族地区由于交通、信息、语言障碍及资金约束，对国家政策的理解和执行是否出现偏差，需要对留守老人的现实生活、政策实施环境等进行深入考察，才能对留守老人的贫困问题提出合理有效的解决方案；三是在社会保障发展方面，2009 年新农保大规模推进、2011 年提高贫困标准及 2012 年社会保障实现全覆盖以后，农村社会保障减贫效果如何，在多大程度上改善了留守老人的生活状况等，需要进行追踪研究。

---

①　胡宏伟、栾文敬、杨睿、祝明银：《挤入还是挤出：社会保障对子女经济供养老人的影响——关于医疗保障与家庭经济供养行为》，《人口研究》2012 年第 2 期，第 82—96 页。

　　基于以上认识，本书将四川、贵州和云南三省少数民族地区农业社会的留守老人作为研究对象。这三省少数民族居住区内交通条件较差、信息闭塞、经济发展落后，农业人口比重大，留守老人数量多，区域贫困面广，贫困程度深，在全国具有典型的代表和示范意义。与此同时，这三省之间可以进行比较研究，四川和贵州是劳动力输出大省，而云南则是人口净流入省份（主要是省内流动），留守老人养老资源的可及性不同。因此，本研究立足于西南贫困地区社会经济发展状况、多民族文化特色及老年人个体、家庭特征和村庄环境等现实情况，在尊重制度发展客观规律，兼顾公平性与多样性的原则指导下，探究有效保障留守老人基本生活的社会保障制度安排，并据此从改善民生、建立健全基本公共服务体系，创新公共服务供给方式等方面，提出分析民族地区农业社会留守老人社会保障制度建设和改革的框架及可行方案。这一研究，不仅对推动和丰富我国农村社会保障的实践和理论发展具有重要的理论和实践价值，而且有利于提高社会政策的针对性和瞄准度，为构建中国社会保障大厦添砖加瓦，对实现我国2020 年全面建成小康社会和构建人人共享的和谐社会具有重要的现实意义。

二　研究设计

（一）调查设计与样本情况

　　农村留守老人是弱势群体，容易陷入贫困状态，社会保障具有弥补家庭养老功能的作用，本研究主要针对农村留守老人的社会保障状况及其减贫作用进行研究分析，因而主要调查内容是农村社会保障与留守老人的贫困状况。其中，还涉及农村留守老人生活状况，老人生活状况主要包括经济供养、生活照料、精神慰藉、劳动负担、社会支持和社会参与等方面内容，因此调查方案设计中也将这些内容作为主要调查内容。同时，考虑到村庄环境与行政力量对农村社会保障政策效果的影响，也将这部分纳入调查内容之中。

　　本研究采用问卷调查、小组讨论与个案访谈相结合的调查方法。调查区域主要是四川、云南和贵州三省民族地区以农业为主的农村。小组讨论主要关注一定区域内农村留守老人的共性特征。个案访谈主要针对特殊留守老人进行更详细的资料收集，以便作为典型案例进行分析。调查问卷分为村庄调查问卷和农村老人个人调查问卷。村庄调查问卷主要用来分析村庄环境对社会保障政策执行效果可能产生的影响，主要内容涉及村庄人口规模、民族构成、人均收入、外出人口比例、距离乡镇所在地里程等客观指标，以及村内贫富差距、村庄团结程度、村民生活面向、村庄商业化程度等主观指标，主观指标依靠留守老人或调查员进行判断。村庄调查问卷还包括基层政府和村干部的宣传力度与上级检查部门的检查频次两个指标。农村老人个人调查问卷主要用来分析留守老人的基本生活状况、社会保障状况、贫困状况，以及社会保障实际减贫效果及留守老人个人和家庭因素对社会保障减贫效果可能产生的影响。调查人员主要包括贵州财经大学研究生和本科生、四川民族大学研究生和本科生，以及云南民族大学的本科生。各省负责本省农村老年人调查资料和数据收集。问卷调查时间为2013年1—3月，小组讨论、个案访谈分别在2013年1—3月、4—5月、7—8月进行。在问卷调查的抽样方法上，由于目前全国各地均没有关于农村留守老人的具体统计数据，在缺乏总样本的情况下，无法进行随机抽样，因而本研究在问卷调查的抽样方法上采用偶遇抽样和判断抽样。问卷调查对象是60岁及以上农村老年人，问卷填答方式采用调查员询问并根据被调查对象填答调查问卷，最终获取样本1150份，排除非留守老人样本261份，同时剔除5份数据缺失较多的留守老人样本后，实际有效样本为884份。

　　需要说明的是，留守老人与非留守老人是一对相互关联的概念，甚至留守老人的所谓弱势和贫困，有时也是相对非留守老人而言的。所以，对留守老人和非留守老人进行对比分析，更能凸显留守老人的贫困特征及其影响因素。但在本次调查中，主要以留守老人为研究对象，原因是在所获得的有效样本中，非留守老人的样本量比较小，且样本结构，特别是样本的地域结构不尽合理，某种程度上失去了将留守老人与非留守老人进行对比分析的价值和意义。因此，本研究仅对留守老人样本进行研究分析，而不做留守老人与非留守老人之间的比较研究。从留守老人的样本结构方面来看，获取的 884 份留守老人样本具体情况为：①从不同省份结构来看，贵州样本占 41.8%，云南样本占 43.2%，四川样本占 25.0%。②从民族构成看，汉族留守老人样本占 45.6%，少数民族样本占 54.4%。其中，少数民族样本中占比较大的民族有彝族、苗族、布依族和藏族，分别为 26.4%、11.3%、5.1% 和 4.5%，其余少数民族占比均不足 3%。③从性别构成来看，男性占 44.1%，女性占 55.9%。④从年龄构成来看，60—69 岁低龄老人占 56.8%，70—79 岁中龄老人占 33.1%，80 岁及以上的高龄老人占 10.1%。总体而言，调查样本综合考虑了省份、民族、性别、年龄等要素，样本结构合理，具有代表性。

（二）研究目标与分析方法

本书的研究目标是：第一，通过对实地调查数据的描述性统计，分析川、滇、黔三省民族地区农村留守老人的生活状况，特别是社会保障与贫困状况，及不同老年群体之间的差异性，以便概观留守老人的总体生活样貌；第二，建立社会保障和贫困状况测量指标，测量农村社会保障对民族地区留守老人的总的减贫效果，以及各主要社会保障项目（主要包括新农保、新农合和农村低保）的减贫效果，并进行项目间的比较，进而分析和发现不同项目的减贫效果差异及原因；第三，立足于西南贫困地区社会经济发展状况、多民族文化特色及老年人个体、家庭特征和村庄环境等因素，探究民族地区农村社会保障对留守老人发挥减贫作用、增强减贫效果的制约因素，并据此从建立健全社会保障制度，预防和减缓农村留守老人贫困状况方面，提出加强农村社会保障减贫效果的制度建设和改革的可行性建议。

本研究采用定性与定量相结合的研究方法，定性研究方法中，主要采用归纳法、逻辑推理法、比较研究法。归纳法是从已有文献和实地调研中获得第一手资料，特别是从被访者的主观体验出发，提炼出主要观点并运用相关数据、案例和事实进行论证，将一般经验事实提升到理论层面；逻辑推理法是根据公认的理论观点和研究对象的客观事实，推论出可能存在的结果；比较研究法主要采用类型比较，对农村留守老人进行分类，以便找出不同类别之间存在的差异性，对不同留守老人群体在基本生活、社会保障和贫困状况方面进行细致的辨别和区分，以便加深对留守老人上述方面的认识。定量研究方法中，主要采用统计描述分析法、交叉列联表分析法、回归分析法。其中，统计描述分析法主要用于分析留守老人的基本生活状况、社会保障状况以及贫困状况；交叉列联表分析法主要用于分析留守老人在基本生活状况、社会保障与贫困状况方面的群体差异问题，以便掌握留守老人中的弱势群体的基本状况，便于针对不同群体存在的问题提出解决措施；回归分析法主要用于分析影响社会保障减贫效果的个人、家庭和村庄环境因素，辨明这些影响因素对改革和完善社会保障政策，增强社会保障的减贫效果具有重要的现实意义。

第三章　留守老人的区域分布与基本特征

摸清留守区域概况，掌握留守老人个人及其家庭基本特征，是解决留守老人养老问题的关键，也是制定相关政策的重要参考依据。四川、贵州和云南三省都属于少数民族人口占比较高的省份，且不同省份或同一省份的不同民族地区经济发展差异较大，留守区域特征也存在较大差异。就少数民族农村留守老人内部而言，也存在个人特征和家庭特征上的差异，以及由于子女外出对不同留守老人群体产生的不同影响。摸清这些情况，了解留守老人区域特征、区域内部差异、留守老人基本情况及其差异，对制定相应的解决措施具有重要意义。

一　留守老人的区域分布

四川、贵州和云南三省是我国少数民族较集中的地区，少数民族与汉族在居住上基本呈现"大杂居，小聚居"的格局，贵州省的这种居住格局尤为明显。各民族相互杂居的居住格局有利于民族之间相互融合，便于在生产生活上相互沟通、学习和借鉴。同时，各少数民族在一定的地理空间上呈单一民族聚居状况，这有利于民族语言文化、生产生活方式的继承和发展，使得许多民族元素得以保留和传承。本次调查研究区域主要是西南三省的少数民族地区，这些地区的经济社会发展不仅远远落后于发达省市，也普遍落后于本省的其他地区。但各省民族地区以及民族地区内部区域之间的经济社会发展也存在不小差距，如云南许多地方的少数民族地区比四川西部少数民族和贵州少数民族地区的经济发展要好一些，这是因为云南少数民族地区旅游业开发较早，许多少数民族依靠旅游业发家致富。即使在同一个区域内，比如泸沽湖边上居住的少数民族，云南这边的发展也明显好于四川那边的发展。不同区域的同一少数民族之间也存在一定差距，接近城市的收入要高于边远地区，如贵阳市周边的布依族明显比黔南、黔西南的布依族更容易就业，收入水平更高。说明不同省份、不同区域、不同少数民族之间，以及同一少数民族内部的经济社会发展存在较大差距，致使农村留守老人相关情况较为复杂。

但不同少数民族地区、不同族别之间也存在相同的特征，这些地区大多以农业为主，收入普遍主要来自耕种土地和畜牧业，收入来源单一且收入水平较低；工业和服务业发展滞后，对农村剩余劳动力的吸纳非常有限；民族地区的市镇规模一般较小，难以为周边农村劳动力提供就业机会；除了民族旅游业发展较好的地方，绝大多数少数民族要想提高收入水平，唯一的出路就是外出务工。企业用工一般需要人力资本较为丰富的男性年轻人，他们的身体素质更好，文化水平也较高，适应能力较强，而大量的妇女、老人和儿童则只能滞留在家乡，成为留守群体。农村老年人由于难以适应城市生活，喜欢居住在原来社区等，往往更容易成为留守人群。

在不同区域之间，由于经济社会发展、地理位置、居住格局、民族人口规模等方面存在差异，不同区域的留守状况也呈现出不同的特征。尽管本次调查并没有对西南三省所有民族地区进行调查，也没有采用随机抽样调查的方式进行，无法准确掌握各区域农村留守老人的具体分布状况，但我们可以通过田野调查法，对三省民族地区农村留守老人的大概区域分布状况进行粗略的描述分析。农村留守老人的出现是由于子女外出务工形成的，只要弄清楚哪些地方的劳动力人口外出较多，就会知道留守老人集中在哪些地方。为此，我们通过分析劳动力流出状况来间接反映农村留守老人的集中状况。

一是从经济发展水平来看，农村留守老人往往集中在经济发展中等偏下的区域。根据城乡迁移理论，农村劳动力受城市高收入预期吸引，获得迁往城市的动力。按照这个逻辑，越是贫困的地区应该具有越强的迁移动机，因而有更多的劳动力转移出来。但是，许多研究结果却与此逻辑相矛盾，即劳动力转移最多的并不是最贫困的地区，也不是最贫困的农户。① 这与本研究结论基本一致。对于这种情况，有人认为最贫困的地区和最贫困的农户无法支付必要的迁移成本。我们认为这是因为经济发展较好的地方，劳动力人口容易在当地就业，不需要外出，因而留守老人相对较少，即使存在少量留守老人，由于经济状况较好，留守老人的养老问题也不突出。经济发展极端落后的民族地区，青壮年人口虽然有往外发展的强烈要求，但却往往由于其自身教育程度较低，谋生手段和技能较少，对外界知之甚少而不敢外出，同时，他们也难以承担外出成本，难以适应外面的生活。因此，经济发展非常滞后的农村地区，留守老人也不多。农村留守老人最集中的地区是经济发展处于中等及中等偏下的地区，这些地区的青年人有强烈的外出意愿，且一般接受过一定的教育，消息也较灵通，对外面的情况有一定了解，也能够适应外面的生活，所以这些地方的留守老人较多，留守老人的养老问题也较为突出。

经济较发达的地区，农村劳动力一般选择就地就近转移就业，较少到省外或本地区外就业。贵州省会城市贵阳市 2012 年农村劳动力转移就业人数达 39 万，其中就地就近转移就业比例接近 50%，而其他地区农村劳动力则有超过 90% 到省外或本地区外就业。因此贵阳周边区域留守老人并不多，因为大多数年轻人都在市内就业。同样地，在云南丽江和泸沽湖周边区域，年轻人外出也较少，当地的许多年轻人在附近旅游景区就能找到就业机会，或自主创业而不愿意到外地务工，在他们看来外出务工就是受人驱使，没有自由，收入也低。但是在四川木里县和大凉山深处的彝族青年，当地经济发展落后，没有就业机会，许多藏族、彝族青年也愿意到外地打工，但由于他们与外界接触和联系较少，不了解外面的情况，也没能掌握一定技能，年轻人外出比例不高，即使少部分年轻人短期外出务工后，由于不适应外面

---

① Du, Ying, "Rural Labor Migration in Contemporary China: An Analysis of Its Features and the Macro Context." In West, Loraine & Zhao, Yaohui (eds.) Rural Labor Flows in China, Institute of East Asian Studies, University of California, Berkeley, 2000.

的生活和难以掌握相关技能，很容易又再次退回原籍生活。在贵州大部分民族地区，由于经济发展相对滞后，经济收入不高，但大多数都受过九年义务教育，年轻人外出的比例非常高，如镇宁县扁担山布依族乡的许多村庄，年轻人外出比例高达80%以上，该地区年轻人外出甚至成为一种"时尚"，留在原籍的那些年轻人往往被人看不起，个人恋爱婚姻都成困难。因此，区域经济发展程度不仅直接影响农村劳动力外出情况，而且影响年轻人的教育程度，个人教育程度又影响劳动力流动能力，进而使得不同经济发展水平的区域在留守老人集中度上出现差异。结果是：经济较为发达或极端落后的区域，劳动力流出都不多，留守老人较少；而经济发展处于中等偏下的区域，劳动力流出较多，留守老人相对集中，留守老人数量和比例较高，留守老人的养老问题相对突出。

二是从地理位置来看，距离县级以上城镇较近和较远的农村地区，留守老人较少，而距离县级城镇大概10—50公里范围的农村地区留守老人比较集中。一般而言，距离县级以上城镇较近的地区，城镇经济发展能够带动周边农村地区的经济发展，周边农村居民也较容易往返于城镇就业（哪怕是临时就业），外出务工的农民相对较少，留守老人也较少。远离城镇的农村地区，城镇经济辐射难以到达这些地方，往往存在交通不便，就业信息较少，教育滞后等问题，使得农村地区农民文化程度不高，无法掌握城镇发展需要的各种劳动技能，因而青壮年劳动力转移存在困难，大多数劳动力滞留在当地务农，留守老人较少。而距离城镇大约10—50公里的农村地区，农民常常能够进城购物，能够了解城镇人的生活水平和生活方式，有改变自身经济和生活水平的强烈愿望，同时又具备一定文化水平，通过一定培训后能够掌握符合市场需求的劳动技能，因而这些地方的年轻人外出较为普遍，留守老人也更为集中。

在贵州省的调查中发现，贵阳市郊区花溪区麦乃布依族村庄是典型的失地农民村庄，该村几乎所有土地均被征用，无法继续农业生产，按理年轻人外出比例应该较高，但实际情况恰恰相反，该村外出务工的青年人很少，留守老人也很少。因为该村距离贵阳市较近，又位于工业开发区，当地就业机会较多，赚钱机会也较多，年轻人还可用征地补偿款购买车辆自主运营，或做其他生意自主就业，大多选择留在当地生活，而不愿意外出，因此留守老人不多。与距离大城市较近的区域不同，距离汉族地区和较大的城市不算近，但也不算太远的地区的年轻人，一方面他们需要外出提高收入水平，另一方面又在距离最近的城市难以找到就业机会，或者距离最近的城市吸纳农村转移劳动力能力不足，导致这些地区的农村年轻人只能到距离较远的地方打工，这些地方的农村留守老人就往往比较集中。如四川的马边彝族自治县、峨边彝族自治县、金口河区等，这里的彝族年轻人外出比例远高于大凉山彝族青年。然而，在边远地区，年轻人外出却较少，如云南西双版纳的傣族，四川稻城藏族等，这些民族地区的农村人口由于距离汉族地区和经济发达地区较远，年轻人较少外出，留守老人也不多。当然，这些地区的年轻人也可能是由于民族生活习惯与外面差异较大而不愿意外出，并不单纯是距离城镇远近的问题，也有可能本来在当地就能够通过其他途径提高收入，因而外出青年较少。但总体而言，距离城市远近是影响农村劳动力外出的一个重要因素。

三是从民族差异角度来看，汉族年轻人外出的比例高于少数民族。就目前来看，我国汉族地区的经济发展先于民族地区，因此民族地区的汉族年轻人流动到经济发达地区，首先不存在语言障碍，其次生活方式和民族习惯也比较一致，因而在民族地区农村社会中，汉族青壮年外出比例较高，留守老人比例也高。在各个少数民族中，由于历史原因，人口较多的少数民族一般居住在距离城镇较近的地方，而人口较少的少数民族往往居住在偏远的农村地区，人口较多的少数民族年轻人外出较多，人口较少的少数民族外出年轻人较少，因此人口较多的少数民族的留守老人比例较高。从居住格局上来讲，与汉族混居的少数民族年轻人外出的较多，单一少数民族聚居区外出的较少。因此，汉族与少数民族混居的农村地区留守老人较多，单一少数民族聚居区则留守老人较少。

人口规模较小的少数民族一般距离城镇较远，交通不便，同一民族聚族而居，形成独特的民族文化圈，跟外面的联系较少，这往往造成他们故土难离，不愿外出务工，因此人口规模不大的少数民族地区留守老人也不多。如云南的独龙族、傈僳族、布朗族等，这些民族的年轻人就较少外出务工。而贵州民族地区的年轻人之所以愿意外出，主要在于少数民族年轻人与汉族的居住格局呈明显的"大杂居，小聚居"模式，许多少数民族年轻人容易接触汉语和汉族生活方式与文化，容易掌握汉语，熟悉汉族地区的生活方式，他们到外地之后也能够较快适应当地生活。因此，贵州少数民族年轻人外出比例较高，民族地区农村留守老人也较集中。

二　留守老人的基本特征

（一）个人特征

个人特征是辨识一个人的重要标识，而具有某类相同个人特征的人也往往被划分为同一类别，以区别于其他类别。按个人特征对农村留守老人进行分类，能够使我们更准确地把握留守老人的总体概况。而且，个人特征实际上往往与其生活水平、贫困状况，乃至社会保障参与和受益情况等密切相关。因此，个人特征是了解和深入分析留守老人生活水平、社会保障状况与贫困状况的基础。下文从文化程度、婚姻状况、劳动能力和当前从事的劳动类型来描述农村留守老人的个人特征。

从文化程度来看（见表3-1），随着文化程度由低到高，留守老人的占比逐渐减小。其中文盲占比最高，为53.0%，小学文化程度占比也较高，达到34.0%，两者合计为87.0%。也就是说，将近九成的留守老人的文化程度是小学及以下。初中文化程度占10.2%，而高中以上文化程度仅占2.8%。说明西南三省民族地区农村留守老人的总体文化程度偏低，这不但限制了他们从事农业以外的其他职业，而且也限制了他们提高农业劳动生产力，从农业中获得更多收入。而在民族地区农村，我们发现许多文化程度较高的老年人（一般指高中文化程度及以上）年轻时一般都有正式职业，退休后也有退休金收入，相对文化程度低的老人，文化程度高的老人的收入水平较高，即使没有社会保障转移收入，其生活质量也能够得到保障，在家庭中以及村庄社区中的地位也较高。因此，一般而言，老年人的文化程度高低，一定程度上反映了其生活质量的高低。

案例3-1（E1） 男，75岁，贵州黄果树石头村人，高中文化程度，年轻时被聘用到乡政府工作，现退休在家，目前工资每月大概4000元。他和老伴生育了三个子女，两个女儿早已出嫁，他和老伴与儿子一家居住。儿子到外省打工，媳妇留在家里照顾老人和孩子。在调查时，E1表示：儿子出去打工也没赚到什么钱，其实仅凭我个人的工资，加上农业生产，一家人也能够生活得较好。但老人看到村里大多数年轻人都出去打工，自己孩子不出去会被认为没有出息，因此老人支持儿子外出。儿子不在家的时候，E1是家里的户主，儿子在家时，虽然儿子是户主，但凡事都跟老人商量。

可见，文化程度较高的留守老人的收入较高，生活条件较好，他们在家中地位也较高，似乎子女也更加孝顺。当然，子女孝顺可能与早期家庭教育方法和质量有关，也可能社会对其子女的孝顺行为期望更高，还有可能是由于老人拥有与子女进行代际交换的资源（工资收入），因而更能够获得子女的尊敬和照顾。总之，无论何种原因，文化程度高的留守老人的生活水平和质量更高。

从婚姻状况来看（见表3-1），留守老人在婚（即有配偶）占比为61.6%，丧偶老人的占比也高达35.9%，而离婚老人的占比较低，仅为2.5%。离婚和未婚占比较低，说明老人心理承受的婚姻情感压力相对较小。但丧偶的留守老人占比较高，表明一部分留守老人可能存在情感孤独问题。显然，由于子女外出，配偶实际常常成为留守老人最为重要的生活照料提供者，离婚和丧偶都意味着失去一个重要的照料者，许多离婚和丧偶的留守老人的照料问题就是因为配偶离开或死亡而变得更加困难。需要说明的是，有的在婚的农村留守老人，在获得配偶照料上也并不比离婚和丧偶老人强多少，因为在许多民族地区，老年夫妇在子女分家以后，有可能分开跟不同子女（家庭）居住，如可能出现男老伴跟大儿子（家庭）居住，女老伴跟小儿子（家庭）居住的情况，这样的话，老年夫妇就缺少很多相互照料的机会。对于农村多子女家庭，尤其是多男孩家庭，在分家时为了减轻赡养老人的经济负担，常常会将两个老人分开跟不同子女家庭共同居住，或者两位老人跟未成家的小儿子居住。即使两个老人均与未成家的小儿子居住，由于小儿子未婚，则家中往往缺少年轻女性照料者，这也会给需要照料的女性老人带来许多不便。而一旦女性老人不能提供照料帮助，男性老人的照料需求也常常无法得到满足。如果两位老人分开跟不同的子女家庭居住，则两个老人之间就难以相互照顾。与此同时，多子女家庭在分家时，还会出现一些家庭矛盾，如所有子女都愿意供养身体健壮或有收入来源的老人，而身体较差的老人则被视为负担，子女相互推卸养老责任。因此，有时在婚的留守老人也并不是每个人都生活得很好。留守老人的婚姻状况在很多时候并不能反映其生活状况。

案例 3-2（E2）　某村一对夫妇，年龄均在 65 岁左右。女性老人身体健康，男性老人身体残疾（一只眼睛已瞎，右手截肢）。该夫妇养育了三个儿子，在分家时，三个儿子均表明愿意跟母亲生活，而不愿意跟父亲生活。原因就是父亲不能从事田间劳动，也不能给他们照顾小孩，甚至连基本的家务劳动也无法胜任，因而被子女视为累赘，不愿意与其共同生活，出现子女相互推诿养老责任的现象。

从有无劳动能力来看（见表 3-1），农村留守老人中有劳动能力的占 85.9%，没有劳动能力的占 14.1%。说明大多数留守老人具备一定的劳动能力，可能正是由于这些老人具有劳动能力，才是其子女放心外出的一个重要原因。也就是说，老人是否具有劳动能力是决定其子女外出的一个重要因素。无论如何，劳动能力本身就说明了留守老人具有自我照顾能力，从事劳动与子女进行代际交换，以及赚取收入的能力，因此有劳动能力意味着留守老人的生活境况会较好。而具有劳动能力的占比较高，则表明大多数留守老人生活水平不至于太糟糕，至少在日常生活中具有应对各种家务劳动和自我照顾的能力。

此外，有劳动能力的留守老人还能够从事有酬劳动，帮助提高个人和家庭生活水平，以及帮助子女家庭从事无酬劳动，作为平等交换而获取子女的供养。在有劳动能力的留守老人中，以从事农业劳动为主的占绝大比重，高达68.9%，以照看孙辈为主的占11.7%，以在家休息为主的留守老人仅占7.4%，而做小买卖、打零工的分别占5.1%和2.5%（见表3-1）。民族地区农村一般经济发展滞后，年轻人在当地找不到工作才外出务工，那么留守老人要想在当地找到适合的有酬工作就更加困难，同时因大量年轻人外出，耕地收益又较低，子女外出后往往导致其耕地无人愿意转租，在土地不能抛荒的情况下，只能由留守老人代为耕种，因而绝大部分留守老人仍以务农为主。以照看孙辈为主的那部分留守老人，其家庭承包的土地一般转租给别人耕种，这部分留守老人的收入来源则主要依靠转租土地的收益和外出子女提供。能够在当地做小买卖、打零工的留守老人，主要集中在旅游开发区和其他项目开发区。而土地已经妥善安排，不需要照顾孙辈，收入有保障的留守老人才能安心在家休息，安享晚年，这部分留守老人当中，许多都是原来从事正规职业退休后，领取退休金生活的老人，还有一部分是外出子女能够赚到钱并愿意供养的老人。

案例3-3（E3）　女，64岁，黄果树附近村民。儿子和媳妇外出务工，大孙女跟随其父母外出务工，小孙子去年刚上初中，平时寄宿在学校，只有周末才回家。因此，老人在平时就到安顺批发一些小饰品，带到黄果树街上沿街兜售。老人说："做小买卖生活很开心，又能够赚到一定收入，同时还能锻炼身体。"

当然，有一些留守老人在当地打零工可能也是生计所逼，生活得并不那么如意。在云南的泸沽湖遇到一位留守老人，其子女外出后，家庭收入来源匮乏，因此他只能靠平时到泸沽湖边上帮船老板划船赚取收入。泸沽湖的游客主要是每天早晨乘船看日出，因此老人需要早晨四五点钟起床从 6 公里外的村庄走路过来，才能赶上帮游客划船看日出。但划船的收入却不多，生活条件也比较艰苦。可以说，留守老人中，有劳动能力和无劳动能力都各有其难处，大部分生活水平不高，经济困难仍是普遍现象。

表 3 - 1   **留守老人的个人特征**   单位:%

类别	组别	占比	类别	组别	占比
文化程度	文盲	53.0	劳动能力	有	85.9
	小学	34.0		无	14.1
	初中	10.2	从事的劳动	务农	68.9
	高中或中专	1.7		做小买卖	5.1
	大专及以上	1.1		打零工	2.5
婚姻状况	在婚	61.6		做家务	3.0
	离婚	2.5		照看孙辈	11.7
	丧偶	35.9		在家休息	7.4
				其他	1.3

（二）家庭特征

农村留守老人的家庭特征，如家庭成员数量、居住方式，尤其是同住子女是否外出，对留守老人的生活产生重要影响，不同的家庭特征表明了不同的生活状态。表 3 - 2 统计了留守老人四个方面的家庭特征，包括留守老人是否是户主、家庭成员数量、居住方式，以及同住子女是否外出。从留守老人是否是户主来看，有 57.9% 的留守老人表示自己就是户主。这里所谓的"户主"与户口簿上的"户主"存在区别，这里的"户主"仅表明留守老人在实际生活中能否在日常家庭事务中"做主"，而不是户口簿上登记的"户主"。农村留守老人由于其子女外出，平时联系不方便，在家庭事务中一般只能由留守老人自己"做主"。当然，留守老人成为实际家庭生活的"户主"，一方面表明留守老人在家庭生活中的重要地位，有利于获取相关养老资源；但另一方面也表明留守老人的家庭责任加大，生活压力加重。因此，留守老人成为实际家庭生活的"户主"既有好的一面，也有不好的一面，要视具体情况而定。特别是许多留守老人是由于子女全部外出，自己被迫在家庭事务中充当主角，既要管理好自己的生活，也要处理好与其他家庭的关系和人情往来，有时还要照顾好孙辈，管理田间事务，等等，导致本该安享晚年，却还被迫承担繁重的劳动，处理复杂的人际关系，致使生活质量受到负面影响。因而留守老人成为"户主"占比较高未必表明其生活质量提高，反而可能是降低。

案例3-4（E4）　女，76岁，子女全部外出，土地转租给他人耕种，但同时收入来源也成为问题。调查时，该老人表示其最大的困难不是自己的基本生活问题，而是农村的各种酒席较多，而自己的收入较少，不可能每次人情往来都及时得到子女汇款，因此常常存在左右为难的情形。老人认为：子女外出是暂时的，迟早还得回到当地农村生活（外出子女自己也这样认为），因此，当地的亲戚邻里关系还得维系。其中最重要的是亲戚邻里办酒，得由老人代替子女送礼。只有这样，当子女有红白喜事回家置办时，才会得到亲戚邻里的帮忙。

也就是说，子女外出后，即使生活重担不会落在留守老人身上，但留守老人为了代替子女维系各种社会关系，也可能花费很多精力，从而未能得到安心静养。这一点是许多先行研究未注意到的现象。如果根据贺雪峰的观察，村民的村庄生活面向①是向外的话，那么村民们特别是外出的村民不愿意回到原来的村庄和社区生活，那里的人情世故自然也可以不用维系。但是西部民族地区农村的外出人口，尤其是少数民族外出人口的村庄生活面向仍然是向内的，大多数仍然认可原来的村庄生活，他们始终认为自己最终要回到原来的村庄继续生

① 在贺雪峰看来，村庄生活面向是指村民建立自己生活意义和生存价值时的面向。村庄生活面向外表明村民不认可原来村庄，他们会尽量想办法离开村庄；村庄生活面向向内则表明村民即使外出较长时间，也会最终选择回到原来村庄继续生活。重要的是村民始终要在原来村庄实现自己的人生价值，获得其他村民的认可。贺雪峰：《新乡土中国——转型期乡村社会调查笔记》，广西师范大学出版社2003年版，第7—10页。

活。这样，其外出期间原村庄和社区的各种社会关系维系就仍然比较重要。那么在其无法履行相关社会往来活动和人情世故维系的情况下，这一重要责任就自然落在留守老人身上，进而加重留守老人的生活负担。

家庭成员数量有时对留守老人的生活具有重要意义，家庭成员不仅是消费人口，同时也是生产人口。家庭成员数量多可能意味着农村留守老人的家庭开销较大，但也表明留守老人获得的社会支持来源较多。如表 3 - 2 所示，家庭成员数量在 5—6 人的比重较高，达42.6%，这种家庭结构一般是主干家庭，即两个 60 岁及以上老人（或一个老人）加上儿子媳妇，以及两个孙子女（民族地区农村普遍实行二孩政策）构成。家庭成员数量在 7—8 人及以上的家庭也占有一定比例（29.4%），近 1/3 的留守老人家庭属于这一类型，这种家庭可能是扩大家庭居多，即完整的主干家庭，加上更加年老的老人，或多子女家庭，或超生家庭。在一些民族地区，人们将子女主要视为重要的生产资源，在抚养质量要求不高的情况下，"只要有口饭吃，就能养活几个孩子"，而孩子长大成人后，无疑是家庭重要劳动力，加上地处边远，超生家庭占有一定比例。最终形成成员数量较多的家庭占有相当比例。家庭成员数量在 4 人以下的占比略小，有 28.0% 属于这类家庭。家庭成员数量少，意味着子女外出后，留守老人获取社会支持较为困难，特别是在留守老人需要生活照料时，往往得不到及时照料，因而一些独子家庭的子女很少外出，只有在留守老人身体较为健康的情况下才会外出。但家庭成员数量较少的好处是家庭消费开支也相应减少。

居住方式直接反映留守老人的家庭结构，一定程度上也表明了留守老人获得养老支持和生活照料的便利性。一般而言，与子女和配偶共同居住的留守老人，显然要比独居老人和仅与孙辈同居的留守老人更容易获得家人的生活照料。表 3 - 2 的统计结果表明，与子女居住和与配偶居住的留守老人占比较高，分别为 39.2% 和 37.3%，说明大多数留守老人在需要照料时，应该能够获得子女或配偶的照顾。但也应该注意到，单独居住和仅与孙辈居住的留守老人也占有一定比例，分别为 14.0% 和 8.7% 。这部分留守老人在需要身体照料时，一般难以得到家庭成员的及时照顾，特别是仅与孙辈居住的留守老人，如果孙辈年龄较小，那么留守老人不但自己需要照料时得不到照顾，可能还要费心照顾年幼的孙子女，从而加重留守老人的劳动负担和心理压力。

直接影响留守老人生活状况的是同住子女是否外出，因为同住子女每天跟老人生活在一起，如果他们外出务工，将会直接减少对老人的各种支持。即使经济支持可以通过汇款来解决，留守老人的生活照料和精神慰藉也会直接受到严重影响。毕竟空间距离阻隔使得外出子女无法为留守老人提供照料，也会减少彼此沟通交流的时间而使留守老人感到孤独。从表 3 - 2 中可以看出，留守老人中跟其同住子女外出的占比高达 59.5% 。本研究在界定留守老人时，将"有同村子女外出时间达半年以上的老人"视为留守老人，这一定义比其他研究者的定义更窄。而这里挑出同住子女外出的留守老人，是因为同住子女外出对留守老人生活支持的负面影响更加直接。在日常生活中，与老人同住的子女更方便为老人提供各种支持，而他们的外出无疑导致各种支持的减少。

表 3 - 2　　　　　　　　　　留守老人的家庭特征　　　　　　单位：%

类别	组别	占比	类别	组别	占比
是否是户主	是	57.9	居住方式	单独居住	14.0
	否	42.1		与配偶居住	37.3
家庭成员数量	3 人及以下	14.3		与子女居住	39.2
	4 人	13.7		与孙辈居住	8.7
	5 人	22.0		与其他亲属居住	0.2
	6 人	20.6		其他	0.6
	7 人	12.4	同住子女是否外出	是	59.5
	8 人及以上	17.0		否	40.5

三　子女外出情况及对留守老人的影响

（一）子女外出情况

从实际观察来看，子女外出距离、回家频次、跟留守老人的联系情况，以及外出子女自己的生活情况，都会影响他们对留守老人提供的支持。从表3－3的统计结果来看，就子女外出地而言，有将近一半的外出子女的流出地是外省，占比高达48.4%，其次是本省，占比达24.4%，然后依次是本地区、本县和本乡镇，分别占12.8%、9.7%和4.7%。总的来看，外出子女流出地为外省和本省其他地区二者占比之和为72.8%，也就是说有七成多外出子女流出地距离留守父母较远，无法为留守老人提供直接支持，给留守老人的生活带来了负面影响。而距离较近的外出情况占的比例较低，这是由于民族地区当地吸纳劳动力的能力有限，这也致使大量外出人口的流出地只能选择距离远的地方。当然，这与我们对留守老人概念的定义密切相关，因为我们定义子女外出后，父母留守农村时间长达半年才能算作留守老人，那么自然是流出地较远的子女才可能更长时间不回家。但无论如何，子女流出地较远的事实无疑削减了家庭养老的能力，使留守老人生活出现诸多困难。子女流出地远的比例越高，说明出现诸多养老困难的留守老人越多。

正是由于子女流出地远的占比较大，所以导致有近半数（48.7%）的外出子女只能一年回家一次，一般都是春节前回家与留守老人团聚，过完年后又要再次外出。一年回家两次和一年三次及以上的都只占14.0%，也就是说，只有不到1/3的外出子女一年内可能回家两次及以上。可见子女外出后，回家的频次较少，很难为留守老人提供及时帮助。而常年不回家的外出子女也占一定比重，还有个别外出子女自外出后便杳无音讯，从未跟留守老人联系的情况。

案例3－5（E5）　女，78岁，四川乐山市金口河区彝族留守老人。老人有两个儿子和一个女儿，大儿子和女儿都已结婚成家，并分家居住。老人为了照顾小儿子成家，分家时跟小儿子居住。但由于家庭条件太差，儿子到 25 岁仍然未能婚娶，于是在 3 年前跟着亲戚到外省打工，直到调查时，老人反映小儿子仍然毫无音讯，所有村子里外出的人和亲戚都表示没有看见其儿子。老人至今仍一个人生活，其他孩子表示老人不归他们赡养，也不提供经济支持，老人的全部收入来源于土地收入，虽然大部分土地已外租给他人耕种，每年能够得到少部分粮食，但老人仍自己耕种少部分土地，老人非常担心自己的身体吃不消的时候，没有饭吃。

外出子女常年不回家也不跟留守老人联系，随着留守老人年龄增大，身体状况变差，收入减少，维持基本生活可能出现困难，与此同时，老人还要承受精神上的折磨，时刻担心外出子女的生活状况和人身安危。

外出子女与留守老人的联系情况可以反映子女对留守老人的关心程度。表 3 - 3 的数据表明，从不跟留守老人联系的外出子女所占比重不算高，仅为 8.4%，但偶尔联系的占 20.0%，说明有相当一部分外出子女很少或几乎不跟留守老人联系。子女外出后时常保持与留守老人的联系是非常有必要的，一方面可以随时了解留守老人的身心健康状况，另一方面可以对留守老人表示关心和孝顺。中国古代早就提出对老年人应该采取"养"和"敬"相结合的观点，"养"而不"敬"视为不孝。即在赡养老人上不仅要求在经济上要积极提供支持，而且要求在精神层面上要表示孝顺。外出子女经常保持与留守老人日常联系，实际上包含了对老人表示尊敬和孝顺的意思。因此，外出子女不应仅仅关注给留守老人提供物质帮助，还要关注留守老人对精神心理层面的需求。

外出子女在外面生活过得好不好，不仅是子女自身的事情，还可能影响留守老人的思想压力和精神负担。如果外出子女生活过得比较好，那么留守老人在家里即使过得艰苦一些，由于对生活还有希望，他们的心里也是高兴的。中国老年人一辈子都在为子女考虑，因此子女的状况必然影响到他们的精神心理状态。从表3-3的数据来看，外出子女生活过得不好的占10.8%，大多数外出子女生活过得都一般，过得好的占21.1%，而老年人不知道外出子女生活情况的占14.5%。所谓"过得一般"，是相对于在家时的情况，以及与同样外出的其他人进行比较的结果。在调查中了解到，大多数外出务工的子女都对家庭经济有或多或少的改善。这一点支持农民基于理性外出的假设，即农民只有在外出对自身利益高于负面影响的情况下才会外出。但这一点并不完全符合留守老人的利益，对老人而言，只有子女留在身边才方便提供各种支持，也才能减轻其生活压力和精神负担。

表3-3			子女外出情况		单位：%
类别	组别	占比	类别	组别	占比
外出地	本乡镇	4.7	联系情况	从不联系	8.4
	本县	9.7		偶尔联系	20.0
	本地区	12.8		一般	29.7
	本省	24.4		联系较多	27.4
	外省	48.4		经常联系	14.5
近两年回家频次	不回家	16.7	外出子女生活情况	不好	10.8
	一年一次	48.7		一般	53.3
	一年两次	14.0		好	21.1
	一年三次及以上	14.0		不清楚	14.5
	两年一次	6.5			

（二）子女外出对留守老人的影响

子女外出尤其是同住子女外出，给留守老人带来多方面的影响，包括经济供养、生活照料、精神慰藉等各个方面，对不同方面的影响有积极的一面，也有消极的一面。这里我们着重观察子女外出后，家庭承包的耕地如何处理，子女是否对留守老人提供经济支持，以及这种支持实际是否增加留守老人的收入等。至于子女外出将在具体的经济收入、生活照料和精神慰藉上如何影响留守老人的生活，将在第四章进行具体分析。

从表3-4可以看出，子女外出后，有将近四成（38.4%）家庭承包的土地由留守老人耕种。由未外出子女耕种的也占到26.0%，出租给别人耕种的仅占18.2%，雇人耕种和其他处理情况占比较少。可见子女外出后，其家庭承包的土地多数由留守老人继续耕种，在许多情况下，耕种土地收益甚至成为留守老人唯一的生活来源。民族地区的年轻人一般把外出务工赚钱视为暂时性的，他们认为最终要回到原来的社区继续生活，因而如何实现外出务工的价值就显得比较重要，致使其赚钱的目的一般比较明确，比如三到五年内，赚钱回家建一栋房子、买一辆车或供子女读书等，因此，他们往往没有多余的钱来支持留守老人。在许多地方，出租土地收益较低甚至没有收入，于是，许多留守老人只能依靠自己耕种土地获得收入，劳动强度较大。

从外出子女为留守老人提供经济支持看，虽然有77.0%的外出子女为留守老人提供经济支持，没有为留守老人提供经济支持的仅占23.0%。但应该注意的是，外出子女提供的经济支持不一定构成留守老人的主要收入来源，许多情况下不足以维持留守老人的基本生活，留守老人的主要收入来源于其自己的劳动成果，这一占比高达39.1%，而子女供养成为留守老人主要经济来源的仅占32.7%，其中外出子女提供的经济支持成为留守老人主要经济来源的仅占24.9%（见表4-1）。说明尽管大多数外出子女均为留守老人提供一定经济支持，但绝大多数留守老人如果仅依靠外出子女的经济支持仍然难以维持基本生活水平。

但在问及"子女外出务工是否增加家庭收入"时，有67.5%的留守老人认为子女外出务工，增加了一定家庭收入。认为子女外出务工对家庭收入没有影响的占20.5%，而认为收入反而减少的占3.6%，另外有8.3%的留守老人表示不知道家庭收入的增减情况。说明子女外出务工有助于提高家庭收入，只是家庭收入的提高并不意味着留守老人的收入也得到相应提高，因为外出子女收入提高后，并不一定增加对留守老人的经济供给量。子女为留守老人提供多少经济供给最关键的决定因素是子女的孝顺程度，而不是子女收入的高低。现实中我们有时会看到许多有钱的子女对父母的经济支持很少，而一些较贫困的子女却尽其所能帮助父母。当然，子女收入水平肯定是影响其为父母提供收入支持大小的重要因素，但这是否需要子女自身经济提高到多高的水平，或达到多大的阈值，子女才会增加对留守老人的经济供养，目前仍无法论证。但可以肯定的是，家庭收入增加并不必然使留守老人的收入增加。

尽管如此，绝大多数留守老人对外出子女目前的经济支持水平还是表示比较满意和一般满意，这一比重高达81.3%。表示不满意和很不满意的占比之和仅为10.4%。当然表示很满意的仅占8.4%，毕竟目前外出子女收入水平普遍不高，对留守老人的经济支持也较为有限，而且大多数留守老人仍然依靠自身劳动作为主要收入来源。因此，较高比例的留守老人对外出子女目前的经济支持水平表示较满意，仅仅说明留守老人对外出子女经济支持的要求和期望并不高，而且对于大多数农村留守老人而言，子女能够通过外出务工改善他们自身的生活状况已经感到高兴，甚至一些留守老人感觉只要自己的子女能够跟别家的孩子一样外出赚钱，他们就觉得自己并没有落后于别人，至于赚钱多少以及给自己提供的支持多少，并不重要。因为子女外出务工已成为当地年轻人的一种时尚文化，成为一种能力的体现，子女能够外出本身表明了自己的子女不比别家的孩子差，这对老人的精神和心理已是莫大的安慰。

比如，我们观察到，在贵州镇宁扁担山和丁旗布依族聚居区，许多年轻人将外出视为一种生活时尚，初中毕业后除了少数能够继续上高中或中专学校，或当兵以外，如果不外出则被视为愚蠢的象征，而当地人往往也认为不外出的年轻人就是没有出息，包括老年人也是这样的观点。其中有一家的孩子智力跟常人没有什么区别，就是人情世故懂得少了一些，在两次外出都赚不到钱，被工厂辞退回家之后，经常被村里人笑话，其父母也表示只要他能够外出找到一份简单工作，那么父母愿意自己承担家里的所有农活。因为在他们看来，自己的孩子不外出或外出找不到工作分明就是一种耻辱。此外，由于年轻人基本外出，留在村里的年轻人在找对象上也成为问题，经常外出的人会嫌弃不外出的人。这说明当外出成为一种大家认可的生活方式后，子女外出是否赚钱以及为留守老人提供多少经济帮助已成为其次，而外出本身才是证明子女属于正常人或聪明人的做法。因此，子女外出不一定能够为家庭提供多大的帮助，也不一定是理性选择的结果，而只是一种跟随主流的生活方式。当然，对于已经结婚而年纪稍大的人来说，外出仍然是理性比较的结果，只有在外出对他们及家庭有利的情况下，他们才会选择外出。也有少部分子女为了年迈父母而不外出的情况。因此，有时外出决策的影响因素较多，而不仅仅是经济收入的高低所决定的。

表 3 - 4　　　　　　　　子女外出对留守老人的影响　　　　　　单位:%

类别	组别	占比	类别	组别	占比
耕地安排	未外出子女耕种	26.0	是否增加家庭收入	增加	67.5
	留守老人耕种	38.4		没有变化	20.5
	雇人耕种	4.3		减少	3.6
	出租	18.2		不知道	8.3
	土地被征用	4.8	对外出子女经济支持的满意程度	很不满意	3.7
	其他	8.3		不满意	6.7
经济支持	支持	77.0		一般	40.4
	不支持	23.0		较满意	40.9
				很满意	8.4

第四章　留守老人的生活状况

生活状况一般包括物质层面和精神层面，具体包括经济供养、医疗保健、生活照料、精神慰藉状况等，生活状况能够集中反映留守老人的基本概况，是了解农村留守老人总体样貌的图谱。下文运用调查数据资料从经济供养、患病就医、生活照料、精神慰藉、靠劳动能力与劳动负担和社会支持状况等方面，对西南三省民族地区农村留守老人的生活进行描述性统计，反映留守老人的基本生活状况。

一　经济供养状况

经济收入是老年人基本生活保障的基础，经济收入水平高低及其稳定程度直接反映老年人的生活保障状况。经济收入水平还会间接影响老人的身体健康、精神状态等方面。下面将利用本次调查数据，对西南民族地区农村留守老人的经济供养状况进行分析。选取的指标包括收入水平、收入来源和收入稳定性，最后还考察了留守老人的收入满意度状况。

（一）收入水平

收入水平是衡量老年人生活质量的重要指标。留守老人由于子女外出，导致生活照料和精神慰藉方面缺失，经济供养如果能够得到一定弥补，将对提升留守老人的身心健康具有明显作用。根据本次调查数据统计发现，西南民族地区农村留守老人的年平均收入为5633元。仅从平均数来看，农村留守老人的收入水平并不算差，至少超过了国家2012年规定的贫困线年收入2300元的一倍。但是，留守老人收入标准误差为 6281 元，说明农村留守老人的收入差距非常大，收入分化比较严重。从表 4 - 1 中可以看出，年收入 2000 元以下的留守老人占比为 26.9%，这部分留守老人的收入水平未达到国家贫困线标准。大多数留守老人的收入水平在 2001—4000 元，占比为 32.5%。而高收入组的占比较小，说明大多数低收入老人的收入水平是被少部分老人的高收入拉高的。总之，农村留守老人收入差距较大，大多数留守老人的收入水平并不高。

进一步分析还可以发现，农村留守老人的收入水平存在年龄、性别和文化程度上的差异。其中，年龄越高，收入越低。低收入主要集中在高龄老人，高收入主要集中在低龄老人。高龄老人中有 46.1% 年收入在 1000 元以下，中龄老人这一占比为 31.4%，低龄老人仅为 20.9%。高龄老人年收入 1 万元以上的仅占 3.3%，中龄老人这一占比为 24.8%，而低龄老人为 71.9%。这是因为低龄老人一般都还有劳动能力，低龄老人干农活的比重是 85.3%，中龄老人这一比重为 55.6%，高龄老人仅为 32.6%。低龄老人主要依靠自己赚取收入，低龄高收入留守老人大多数是通过自己劳动获得的。而中龄和高龄老人主要依靠子女供养和社会保障，特别是高龄老人对社会保障的依赖性大于中低龄老人。从性别来看，女性老人年收入 1000 元以下的占比高于男性 6 个百分点，年收入 10000 元以上的占比则比男性低 4.3 个百分点。农村留守老人在收入上存在一定的性别差异，一方面是女性留守老人赚取收入的能力弱于男性留守老人，另一方面是女性留守老人在家庭中的地位也低于男性留守老人。从文化程度上看，文化程度越高，留守老人的收入越高。此外，留守老人的劳动能力越强，收入越高。说明在社会保障给付水平较低和子女供养能力较弱的情况下，留守老人主要依靠自身劳动提高收入水平。

总之，农村留守老人的收入水平主要与个人年龄、劳动能力和文化程度，子女供养水平以及社会保障水平相关。其中，留守老人的收入水平与年龄呈负相关，但相关系数较弱，仅为 -0.196。与性别（男 = 1，女 = 2）也呈负相关，即女性老人收入低于男性老人，但相关系数很弱，为 -0.094。说明留守老人收入水平在不同年龄、性别之间存在一定差异，但这种差异不具有统计显著性意义。留守老人收入水平与文化程度和劳动能力呈正相关，相关系数分别为 0.268 和 0.324，文化程度越高，劳动能力越强，收入越高。留守老人收入水平与自己劳动收入、子女供养水平和社会保障给付水平呈正相关，相关系数分别为 0.739、0.639、0.315。可见，留守老人收入水平高低受自身收入高低的影响最大，其次是子女供养，相关性都较强；同时也受社会保障给付水平的影响，但相关性不太强。这一研究发现符合研究预期，在社会保障给付水平有限的情况下，留守老人主要依靠自身劳动和子女供养，与此同时，由于子女外出，留守老人的收入水平更多取决于自身收入水平。在这种情况下，高龄、身体不健康、劳动能力较弱的留守老人的收入必然较低。因而提高农村养老保障支付水平，对于提高留守老人，特别是高龄老人、女性老人、文化程度较低的老人的收入水平具有重要作用。

（二）收入来源

收入来源直接反映老年人的收入结构，收入结构又体现了自身获取收入的能力以及对外部的依赖程度。我国老年人收入的三大主要来源是：子女供养、自己劳动所得和退休金或社会保障收入。农村留守老人的收入来源也主要是这三个方面。如表 4-1 所示，留守老人收入主要来源于自己劳动所得的占比最高，为 39.1%；其次是来源于子女的经济供养，占 32.7%，其中外出子女占 24.9%，未外出子女占 7.8%；第三大来源是退休金或社会保障收入，为 23.9%，其中以退休金为主要收入来源的比例非常低，仅为 2.5%，而以社会保障支付为主要收入来源的占 21.4%。这里的"社会保障收入"指农村社会福利、社会保险和社会救助的补贴资金，退休金是指由财政拨款支付给退休人员的津贴。当前一些居住在农村的老人原先是国家机关和事业单位工作人员，他们退休后所领的退休金并非来源于社会保障资金。以其他收入来源包括自我储蓄、老伴支持、亲属赠予、村集体支持等作为主要经济来源的留守老人仅占 4.3%。

从收入来源状况可以看出：一是农村留守老人自己劳动所得和子女供养仍然是其主要生活来源。按是否为留守老人主要收入来源的比重大小进行排序得到：自己劳动所得＞子女供养＞社会保障收入＞其他收入。其中，留守老人自己劳动收入和子女经济供养分别排在了第一、第二位，这与钱雪飞（2011）的调查结果一致。① 农村老人大多数都从事农业劳动，他们没有退休制度，也没有退休金，只能依靠自身劳动收入养老，在丧失劳动能力时依靠子女供养。② 因而，自己劳动收入和子女供养仍然是农村留守老人的主要经济来源。二是社会保障收入占到了一定比重。近几年农村社会保障制度的发展，使得许多老年人获得了社会保障收入，减少了对子女的依赖，也减轻了自身劳动负担。但社会保障支付水平过低，对提高留守老人的经济水平作用有限。而且，如果社会保障支付挤出子女经济供养而成为主要收入来源的话，可能会导致农村老人收入下降。如果没有形成对子女经济供养的挤出，而是补充子女供养的话，农村老人的收入就得到提高。三是农村留守老人的收入来源渠道比较单一。特别是储蓄和拥有的资产较少，不能有效补贴老人的收入，可能也是导致老人收入水平不高的原因。

农村留守老人收入来源存在明显的群体差异。从年龄分组来看，低龄留守老人主要收入来源于自己劳动所得，占53.2%，子女支持占26.5%，主要来源于社会保障收入（包括退休金，下同）的仅占16.1%；中龄留守老人的收入来源在三个主要来源中的占比相对平均一些，占比最高的是来源于子女供养，占42.3%，来源于社会保障收入的占29.3%，来源于自己劳动所得的占24.9%；高龄留守老人主要依赖社会保障收入，占比为49.4%，子女供养占36.0%，来源于自己劳动收入的比重仅占6.7%。可以看出，越往低龄，依靠自己劳动收入的比重越高；越往高龄，依靠社会保障收入的比重越高；而中龄老人依赖子女供养的比重要高一些。因此，社会保障建设应充分考

---

① 农村老年人的主要收入来源依次是自己现在劳动所得（37.56%）、子女补贴（29.11%）和自己的离退休金（21.3%）。参见钱雪飞《城乡老年人收入来源的差异及其经济性影响》，《华南农业大学学报》（社会科学版）2011年第1期，第104—113页。

② 韦璞：《我国老年人收入来源的城乡差异及其养老模式选择》，《重庆工学院学报》2006年第12期，第26—29页。

虑对高龄老人的补助。从性别来看，男性留守老人依靠自己劳动收入的比重要高一些，占 42.5%，比女性留守老人高 7.6 个百分点；而依靠子女供养和社会保障收入的分别比女性老人低 3.0 个和 3.7 个百分点。说明男性留守老人的经济独立性比女性老人强，女性老人对外部的依赖多于男性老人。从文化程度差异来看，文化程度越高，依靠自己劳动收入的比重越高；而文化程度越低，依靠子女供养和社会保障收入的比重越高。但文化程度越高，领取退休金的占比越高。说明文化程度高的留守老人经济独立性更强，而文化程度低的留守老人对外部的依赖性较强。这可能是因为男性老人往往文化程度更高，而女性老人文化程度较低，导致女性老人更多依赖外部力量。但无论如何，社会保障补助应考虑向文化程度低的留守老人倾斜。

此外，收入来源还与收入水平有一定相关性。通过数据分析发现，收入来源于自己劳动所得，在 2 万元以上收入组中占了 82.9%，在 1 万—2 万元收入组中占了 59.3%，而在 1000 元以下最低收入组中仅占 17.2%。也就是说，绝大多数高收入者，都是依靠自己劳动而获得高收入的，而自己能够劳动的留守老人，低收入的情况相对少。依靠子女供养的，收入水平集中在中等收入组，而依靠社会保障收入的，则相对集中在低收入组。如收入来源于社会保障的留守老人在 1000 元以下收入组中占 40.3%，在 1000—2000 元收入组中占 30.3%。说明主要收入来源于社会保障的留守老人的收入水平较低，而来源于子女的属于中等水平，来源于自己劳动的则收入水平较高。这从一个侧面反映出了提高农村社会保障支付水平的必要性。

（三）收入稳定性

收入稳定性是农村留守老人生活保障的定心丸，对其安享晚年具有重要的作用。表 4 - 1 的统计结果表明，超过四成（40.8%）的农村留守老人认为自己的收入不稳定和较不稳定，只有 21.2% 的留守老人认为自己的收入来源比较稳定和稳定，认为收入稳定性一般的留守老人占 38.1%。说明有相当一部分留守老人认为自己的收入稳定性较差。收入不稳定不但直接影响留守老人的生活水平，而且还会引起老年人的心理焦虑，影响精神状态，进而导致生活质量下降。

收入稳定性与收入来源存在一定的联系。对于农村老人而言，收入来源于自己劳动的，他们认为这种收入比较稳定，因为自己的身体他们自己清楚，自己的劳动能力也是他们自己可以把控的。来源于子女供养和社会保障的，他们认为影响因素较多，也是老人自己无法把握的，因而他们一般认为这种收入来源和收入水平不太稳定。由于有大约60%的留守老人的主要收入来源于子女供养和社会保障，所以，认为收入稳定性较差的比重较高。当然，老人怀疑社会保障收入的稳定性主要源于长期以来我国农村社会保障处于缺失状况，农村社会保障制度建立较晚，政策变动因素仍然存在，这是老人认为社会保障收入稳定性较差的重要原因。因此，加强农村社会保障政策的稳定性，对增强农民对社会保障制度的信心比较重要，也是稳定农村老人收入来源的重要举措。

（四）收入满意度

收入满意度是农村留守老人对自身收入状况的总体评价，它反映的是留守老人对收入的主观满意度。从表4-1的统计结果来看，有接近一半（49.3%）的农村留守老人对自身收入比较满意和很满意，将近90%的农村留守老人对自身收入主观评价在一般水平以上，而对收入状况表示较不满意和很不满意的仅占10.4%。结合农村留守老人收入水平较低、收入来源主要是自己劳动所得，以及收入稳定性总体不高的现实，说明留守老人对自身收入要求并不高，能够有一定的收入水平，且收入较稳定的情况下，他们对自身的收入满意度评价还是比较高的。这一点可能与农村家庭一般都以家庭作为消费单位有关，即无论留守老人自身收入高低，以家庭作为消费单位，其收入高低实际上对其消费水平影响较为有限。而且，老年人自身的收入很难与家庭收入分割开来，其收入低，并不一定表示消费水平低，收入高也不一定表示消费水平就高，老年人的消费水平还取决于其他家庭成员的收入水平和消费水平。这就可能导致仅仅从留守老人个人的收入水平和收入稳定性方面，并不能准确反映留守老人的真实生活水平状况。但收入满意度则刚好是从留守老人主观评价出发，对其自身和家庭收入进行的一个评价，从评价结果来看，当前大多数农村留守老人的经济收入可能不算糟糕，但少部分留守老人经济生活确实存在困难。

表 4-1　　　　　　　　　　留守老人的经济供养状况　　　　　单位:%

类目	组别	占比	类目	组别	占比
收入水平	2000 元以下	26.9	主要收入来源	外出子女	24.9
	2001—4000 元	32.5		未外出子女	7.8
	4001—6000 元	14.6		自己劳动所得	39.1
	6001—10000 元	12.3		社会保障	21.4
	10000—20000 元	9.7		退休金	2.5
	20001 元以上	4.0		其他	4.3
收入稳定性	不稳定	9.2	收入满意度	很不满意	3.7
	较不稳定	31.6		较不满意	6.7
	一般	38.1		一般	40.4
	较稳定	17.7		满意	40.9
	稳定	3.5		很满意	8.4

二　患病就医与生活照料状况

　　留守老人患病就医情况及患病期间的生活照料是否得到满足，是反映其生活质量的重要方面。对于老年人来说，由于身体机能逐渐衰退，绝大多数老年人都会不同程度受到慢性疾病困扰，身体常年带病。农村留守老人由于子女外出，劳动负担加重，照顾孙辈的压力增大，较之非留守老人更容易患上疾病。特别是患病后，留守老人难以承担大量的医疗费用支出，造成"小病忍、大病扛"，"因病致贫、因病返贫"现象仍然比较普遍。因此，考察留守老人的患病就医和生活照料状况，是了解和把握留守老人基本生活状况的重要方面。

（一）身体健康状况

　　身体健康是老年人安享晚年的重要基础。身体健康状况还会影响老年人的精神状态和劳动力供给状况，留守老人的身体健康状况也会影响子女的外出决定。从经验上来看，子女外出特别是与老年人共同居住的子女外出，一般都会考虑老年人的身体健康状况。在以家庭养老为主的情况下，如果老年人身体状况较差，子女一般也不放心外出；相反，子女能够放心外出，表明家中留守老人的身体状况较好。如果留守老人身体状况不好，至少家里应该还有配偶或其他子女照顾。

从表4-2中可以看出，有七成多（70.1%）的留守老人身体健康状况表现为"一般""较好"和"很好"，但也有近三成（29.9%）留守老人的身体健康状况表现为"较差"和"很差"。说明大多数留守老人的身体状况还可以。但从居住方式来看，这一推论只对了一半。一方面从家庭居住方式来看，身体状况"较差"和"很差"的留守老人与配偶居住、与子女居住的占比大约为70%，但身体状况在"一般"以上的留守老人与配偶居住、与子女居住的占比却在75%以上。说明在家庭居住方式上，较少考虑留守老人的身体健康状况。这一点与上述推论不吻合。说明一部分留守老人的居住并没有得到很好的安置。另一方面从子女外出情况来看，身体状况很差的老年人，其同住子女外出占比为52%，而身体健康状况较好的，其子女外出的占比较高，达到65%以上。这说明子女外出决定还是受到老人身体状况的影响。老人身体状况差，则子女减少外出。这一点符合上述推论。由此可见，当前一部分农村留守老人在居住方式上确实存在一些不合理的情况，特别是身体健康状况不佳的留守老人可能会面临更多的生活困难。这可能与子女的孝顺程度有关，也可能与子女的客观经济条件和实际生活压力有关。因为可能存在即使老人身体状况不佳，但子女迫于生活压力而不得不外出赚钱，这种情况下，就会导致留守老人的居住安排无法得到妥善解决。

（二）患病与就医状况

健康老龄化是世界卫生组织倡导的老年人健康生活目标，也是各国政府努力追求的经济社会发展重要目标之一，更是老年人的美好愿望。随着年龄增高，身体机能逐步退化，老年人患病在所难免。一般而言，老年人的患病率是年轻人的几倍，医疗费用也是年轻人的几倍。因此，问题的关键不在于老年人是否健康，而是老年人是否具备维持健康的基本条件和能力。如果老年人患病后能够得到及时治疗，且能够承担相应医疗费用，医药费用不对老人构成经济负担，那么老年人的生活质量就能够得到保障。

如表4-2所示，近三年患过重病的农村留守老人占比为42.3%，患有慢性病的占比为54.4%。说明留守老人患病比例较高，身体健康状况受到影响。有八成的留守老人表示去看过医生，而有近三成的留守老人表示不能负担医疗费用，一半的留守老人表示仅勉强能够负担医疗费用。这表明尽管绝大多数留守老人生病后都会去就医，但医疗费用对相当一部分留守老人造成经济负担。无力承担医疗费用的根源是留守老人经济收入水平较低，因而提高留守老人的经济收入，特别是提高社会保障在老年人医疗上的负担比重，不但能够明显提高留守老人的就医频次，还有利于保障其身体健康，也是实现积极老龄化的重要途径。

（三）生活照料供给情况

生活照料问题是反映留守老人生活质量的重要方面。由于子女不在身边，留守老人在生病期间常常缺少照料提供者，特别是农村当前仍无法通过市场化途径解决这一问题，加上经济收入较低，留守老人的生病照料问题比较严重，留守老人生病无人照顾，甚至病死家中多日才被发现的现象时有发生。说明生病照料问题已经成为农村留守老人面临的主要困难。

从表4-2中可以看出，由于子女外出无法提供照料，农村留守老人生病期间，能够提供照料的主要是配偶，占比达39.6%。这与有子女在身边的非留守老人形成鲜明对比，非留守老人主要由子女提供照料。而留守老人中，没有配偶的，只有依靠邻居和朋友提供照料，分别占35.8%和29.3%。留守老人中能够依靠子女照顾的仅占23.9%，而且还包括外出子女和非外出子女。与此同时，由于子女外出，一些留守老人只能依靠孙辈和亲戚照料。总体而言，在政府照料服务体系尚未建立，子女提供照料明显不足的情况下，农村留守老人越来越依赖亲属圈和社交圈来解决照料问题，且社交圈提供照料的占比逐渐提高，提供照料的主体从家庭向外扩散的趋势越来越明显。从调查数据分析结果可以看出，由于子女外出务工无法提供照料支持，仅仅依靠家庭成员已经难以承担留守老人的生活照料重担，越来越多的生活照料任务只能由老人的社交圈成员来承接，政府提供或购买照料服务的方式还未惠及农村，政府在农村留守老人生活照料上存在缺位现象。

表 4 - 2　　　　　　留守老人的身体状况与生活照料情况　　　　单位:%

类目	组别	占比	类目	组别	占比
身体状况	很差	5.7	生活照料	配偶	39.6
	较差	24.2		邻居	35.8
	一般	36.4		朋友	29.3
	较好	25.1		子女	23.9
	很好	8.6		孙辈	18.7
近三年患重病	有	42.3		亲戚	17.6
	无	57.7		无人照顾	8.5
有无慢性病	有	54.4		不需要	3.4
	无	45.5		其他	1.7
是否看过医生	是	80.5	能否负担医疗费	能	20.0
	否	19.5		勉强能	51.0
				不能	29.0

三　精神慰藉状况

由于子女外出，子女与老人之间无法进行面对面交流，导致留守老人能够获得的亲情关怀减少。同时留守老人通常需要承担繁重的田间劳动和家务劳动，减少了社区活动参与时间，甚至许多留守老人还需要照顾孙辈，致使留守老人不但自己得不到子女提供的生活照料，还可能变成了照料提供者。实际上，子女对老人提供的生活照料蕴含着精神慰藉功能，然而空间隔离不但阻碍子女提供生活照料，同时还降低了留守老人获得情感慰藉的可及性与可得性，因而子女外出使农村留守老人的精神需求难以得到满足。而在精神慰藉上，子女和配偶对留守老人的重要性难以由其他人替代。这样，子女外出便很容易造成留守老人精神上的空虚寂寞，如果是丧偶老人，则精神上更加容易陷入极度无助状态，容易产生严重的心理问题。

（一）精神状态

精神状态在一定程度上反映了老年人的生活状况和心情愉悦程度，也是影响老年人生活质量的重要因素，精神状态还是老年人获得经济支持、生活照料和精神慰藉等方面的综合的外在体现。由于精神状态可以从外表观察得知，为了避免受到留守老人主观评价的影响，本研究在留守老人精神状态上，由调查员根据对留守老人的实际观察来判断。调查统计结果见表4-3，从中可以看出，80.6%的留守老人精神状况表现在"一般"水平以上（包括"一般""较好"和"很好"三种情况），精神状态"较差"和"很差"的留守老人占比仅为19.4%，特别是从外表看上去精神状态很差的留守老人占比很低，仅为2.6%。精神状态好，很大程度上说明了留守老人在经济支持、生活照料，特别是精神慰藉方面可获得较为满意的支持，生活态度会比较积极乐观，精神状况好的留守老人往往也会对其总体生活状况给予积极评价。

留守老人的精神状况有时与其身体健康状况、收入状况、劳动负担状况等紧密相关。进一步分析得知，留守老人的身体健康状况越好，经济收入越高，其精神状况越好，二者与精神状况之间的相关系数分别为0.616和0.312。身体健康状况与精神状况之间具有较强的相关性，经济收入与精神状况之间具有弱相关性。这说明身体健康状况是影响留守老人精神状态的重要方面，经济收入也对留守老人的精神状态产生一定的影响。但同时也发现，留守老人的劳动负担越重，精神状况越好，二者的相关系数为0.135，尽管相关性较弱，但也表明这一发现与我们平时的经验存在一定偏差。这可能是因为劳动负担重的留守老人大多是低龄老人，同时也是身体状况较好的老人，因而尽管劳动负担较重，但精神状态比劳动负担轻或没有劳动负担的留守老人更好。或者说，劳动负担重本身表明老人身体状况好，因而精神状态自然较好。

（二）孤独无聊状况

孤独无聊状况是一个主观评价指标，是对留守老人精神慰藉方面的一个消极评价。如果留守老人经常感到无聊，则说明其精神慰藉没有得到很好的满足。表4－3调查统计数据显示，经常感到无聊和多数时间感到无聊的留守老人占28.1%，而从不无聊和极少感到无聊的留守老人占39.2%。表明一部分留守老人在生活中确实感受到了无聊，精神需求难以得到满足。但与此同时，大多数留守老人并不感到无聊，这可能与多数农村留守老人仍然从事田间劳动、常常忙于家务和照顾孙辈等有关。他们大多数基本不可能长时间闲下来，因而也没有多少时间感受无聊。

无聊是一种主观感受，与是否有闲暇时间有关。如果留守老人忙于从事各种劳务，则没有时间闲下来，也基本无法感受无聊。但如果留守老人基本处于清闲状况，则更可能经常感到无聊。因而我们推测，留守老人的无聊状况可能与其当前是否下地干活、是否照顾孙辈、是否做家务三个方面密切相关。由于问卷缺乏做家务这一项，因而我们分析留守老人的无聊状况与其是否下地干活、是否照顾孙辈之间的关系。然而，进一步分析得出的结论是：留守老人的无聊状况与其是否下地干活、是否照顾孙辈之间并没有关系。而且，与是否有人谈心解闷也没有多大关系。因而我们估计，留守老人的无聊状态可能与其生活方式、娱乐方式有关。农村老人的娱乐方式主要是看电视，但民族地区老人能够听懂普通话的不多，影响他们从看电视中获得更多乐趣。调查数据表明，大约有一半（50.7%）的留守老人表示几乎听不懂普通话，只有24.4%的留守老人表示能够听懂普通话，许多留守老人并不以看电视为主要的消遣方式。遗憾的是，这次调查没有包括更多留守老人生活方式和娱乐方式方面的内容，因而无法找到留守老人无聊状况的真正原因。

（三）亲情关怀状况

亲情关怀构成留守老人精神慰藉的重要内涵。子女对老人的关心、孝顺程度，直接影响留守老人的精神慰藉状况。关心和孝顺都是主观性词汇，其测量标准具有主观体验性，难以用客观指标来度量。但我们可以通过其他间接指标来进行测度。如留守老人由于子女外出，而无法跟子女进行面对面交流，在一定程度上影响了外出子女对留守老人的关心程度。因此，我们可以通过考察外出子女与留守老人之间的联系频次，来大体反映外出子女对留守老人的关心程度。子女孝顺程度也是一个主观评价指标，我们通过询问留守老人对子女的孝顺程度进行评价。因此，与子女的联系频次和子女的孝顺程度两个指标共同反映了留守老人能够获得的亲情关怀状况。

由表4-3可知，与子女联系较多和经常联系的留守老人占41.9%，而从不跟子女联系或极少联系的占28.4%。可以看出，大多数留守老人与外出子女之间保持了联系，但也有少数留守老人很少或无法与外出子女联系。我们在调查中发现，在贵州毕节一个民族村里，有一位71岁的女性老人，由于还未成家的小儿子外出务工没有赚到钱，从小儿子的角度认为无脸回家，但从老人的角度而言，则无论儿子是否赚到钱，能够回家陪伴老人才是最重要的。儿子由于顾及面子而几乎不跟老人联系，老人在精神上感到很忧郁。其他同住一村的子女也不照顾老人，老人在家随着年龄逐渐增大，上山干活越来越困难，不仅物质生活非常困难，住房破烂不堪，墙壁到处漏风漏雨也无人帮助修补，而且精神上也得不到安慰，日子相当难熬。老人表示物质生活上的困难偶尔还能得到政府和邻居帮助，但渴望得到小儿子的关心却成了一块心病，精神上无法得到慰藉。可见，外出子女经常与留守老人保持联系，是对留守老人重要的精神安慰。

子女孝顺程度也是影响留守老人精神慰藉的重要方面。由表4-3可知，绝大多数留守老人认为子女还是比较孝顺的，只有13.1%的留守老人认为子女不孝顺。不孝顺包括多个方面，如外出子女很少或从不向老人汇报生活和工作近况，从而增加留守老人的心理担忧；对留守老人的经济支持较少；老人生病也不回家照顾；留下孙子女让老人照顾，又不给生活费，同时还造成老人在培养孙子女方面的精神心理负担；等等。因此，孝顺老人并非仅仅包括经济上的支持，也包括尽量让老人少操心的各个方面。

表4－3　　　　　　　　留守老人的精神慰藉状况　　　　　单位：%

类目	组别	占比	类目	组别	占比
精神状况	很差	2.6	与子女的联系情况	从不联系	8.4
	较差	16.8		极少联系	20.0
	一般	34.7		有时联系	29.7
	较好	31.6		联系较多	27.4
	很好	14.3		经常联系	14.5
无聊状况	从不无聊	10.1	子女孝顺程度	不孝顺	3.1
	极少无聊	29.1		较不孝顺	10.0
	有时无聊	32.7		一般	28.3
	多数时间无聊	22.0		较孝顺	35.5
	经常无聊	6.1		很孝顺	23.1

四　劳动能力与劳动负担状况

农村老年人没有退休金，都是活到老干到老。从社会交换理论的角度出发，留守老人由于缺乏其他资源，干活很可能是大多数农村老年人用来与子女供养（包括经济、照料和精神供养）进行交换的重要筹码甚至唯一筹码，因此农村老年人只要身体健康，都会尽其力量为家庭多干活，以此交换子女在经济、照料和精神上的更多支持。然而，对留守老人而言，子女外出可能增加其劳动负担，超过留守老人的负担能力，从而影响其生活质量的提升。这种负担可能来源于田间劳动、家务劳动和照顾孙辈等几种劳动方式的叠加。

（一）劳动能力与劳动参与状况

劳动能力强弱很大程度上反映了农村老人获取收入的能力高低，

一定程度上也反映了其身体健康状况和精神状态。一般而言，劳动能力强的老人，身体健康状况较好，精神状态也较佳。从表4－4中可知，留守老人表示劳动能力弱和较弱的占比达到45.5%，表示劳动能力强和较强的占25.9%，而表示劳动能力一般的占28.6%。可以看出，留守老人劳动能力状况总体并不好。尽管如此，仍然有70.1%的留守老人还在下地干活，可见留守老人的劳动参与率是比较高的。

结合劳动能力强弱与下地干活的占比来看，如果认为劳动能力在"一般"以上才适合下地干活，则有15.6%（70.1%－54.5%）的留守老人尽管不适合下地干活，但仍然不得不从事田间劳动。其中的主要原因，我们可以解释为：子女外出使得许多留守老人仍然继续下地干农活，特别是使得一部分劳动能力较弱，不适合下地干活的留守老人不得不继续承担繁重的田间劳动。而繁重的田间劳动反过来又导致留守老人身体状况恶化，精神状态不佳，进而影响留守老人的总体生活质量。

（二）照顾孙辈状况

由于外出务工子女的经济能力较差，或务工地限制农民工子女入学等，许多家庭将年幼子女留在农村，由留守父母照顾，这就形成了所谓隔代监护问题，留守老人承担了照顾和培养孙辈的责任。从表4－4中可以看出，承担照顾孙辈责任的留守老人占比高达64.1%。多数留守老人都肩负照顾和培养孙辈的责任。如果只是让孙辈吃饱穿暖还好办一些，问题还在于如何培养孙辈，使其身心能够健康成长，这一要求往往成为留守老人面临的一大难题。

正因如此，有42.2%的留守老人感觉照顾孙辈增加了他们的负担，23.8%的留守老人认为不增加负担，只有21.0%的留守老人认为照顾孙辈不但不是负担，反而增加了生活乐趣，还有13.0%的留守老人表示难以判断。因此，照顾孙辈确实成了许多留守老人的负担，特别是心理负担。实际上，能够跟子女、孙辈共同生活，享受天伦之乐，几乎是每个老年人的愿望。但由于子女外出，照顾和培养孙辈的重任压在留守老人身上，使得本应享受天伦之乐的老年人，为了孙辈的教育发展而担忧，隔代教育变成了一种心理负担。

（三）劳动负担差异状况

子女外出之后，留守老人常常不得不接过子女丢下的农田耕种的担子，继续耕种农田。一方面，从事田间劳动是农村家庭最主要的经济收入来源；另一方面，子女外出可能并不一定能够赚钱，或者赚钱数量有限，或者留着用于建房、供子女读书等大额支出，而对留守老人的经济支持较为有限，留守老人只能通过耕种土地获取收入。当然，也有一些留守老人因为子女外出而获得更多经济支持，将土地出租或转让，不仅减轻了劳动负担，还提高了生活水平。但也应该注意到，留守老人的劳动负担并不仅仅来源于干农活，还可能与照顾孙辈、做家务等有关。无论出于何种原因，子女外出一般都会加重留守老人的劳动负担。

从表4-4中可以看出，有31.5%的留守老人感到劳动负担较重，也就是说，接近1/3的留守老人认为难以承担目前的劳动负担，只有1/3的留守老人感觉劳动负担较轻，另有大约1/3的留守老人认为劳动负担一般。在实际访谈中也发现，一些留守老人确实承担了比较重的田间劳动，特别是一些身体健康状况较差的留守老人也不得不坚持承担农田耕种的任务，其生存状况确实令人担忧。

表4-4　　　　　　　　　　留守老人的劳动负担状况　　　　　　　单位:%

类目	组别	占比	类目	组别	占比
劳动能力强弱	弱	18.5	劳动负担轻重	轻	10.2
	较弱	27.0		较轻	23.1
	一般	28.6		一般	35.2
	较强	19.1		较重	22.4
	强	6.8		重	9.1
是否下地劳动	是	70.1	照顾孙辈是否增加负担	增加	42.2
	否	29.9		不增加	23.8
是否照顾孙辈	是	64.1		有乐趣	21.0
	否	35.9		不好说	13.0

五　社会支持状况

目前研究文献较多关注上述几个方面，而较少考虑由于子女外出而导致留守老人社会支持的减少。这种减少包括直接减少和间接减少，直接减少是由于子女外出，支持提供者的数量减少；间接减少是由于子女外出，留守老人能够获得的其他人包括邻居、亲戚等支持的减少。因为从社会交换理论来看，子女外出后，留守老人能够在社会交往上可供交换的资源减少，从而也减少了获得来自村庄社区其他人的支持。社会支持是留守老人的重要生活保障，特别是非正式社会支持在以家庭养老为主的养老模式中发挥着重要的作用。当前，我国政府组织实施的正式社会支持还很少，对农村老人的帮助非常有限。从表4-5的统计结果来看，政府除了在财物赠予、借贷①上发挥一些作用以外，对留守老人其他方面的支持基本处于空白。村干部在调解留守老人家庭矛盾上发挥了重要作用，在商量大事上也发挥了一定作用，而在其他方面的帮助则很少。需要注意的是，已有一定比例（7.5%）的留守老人选择依靠政府养老。与此同时，子女和配偶在各个支持项目中仍然发挥重要作用。但是，在一些非重大事项和突发性事件需要帮助的支持项目中，邻居、朋友和亲戚也发挥了重要的支持作用。一方面，说明民族地区老人仍以家庭养老为主，各种支持主要依靠子女和配偶；另一方面也能够看到由于子女外出，家庭养老功能正在弱化，家庭养老的部分责任已经开始向外溢出，在政府还未能够提供支持的情况下，目前暂由邻居、朋友和亲戚来承担这些"溢出"的养老责任。这是政府下一步需要重点考虑解决的问题。

---

① 借贷主要发生在老年人缴纳新农保缴费上。如贵阳市曾经规定60岁以上农村老人可以通过银行借贷一次性补缴新农保费，然后享受更高的新农保补助待遇。其他省市也有极少数老年人借贷缴纳保险费的情况。因而在统计上显示7.8%的留守老人在"借钱借物"上依靠政府和村干部支持。

（一）经济支持——借钱借物、赠予财物

子女外出后，留守老人常常会发生经济困难，尤其是在应对突发事件上可能会出现经济困难，而外出子女无法及时接济，留守老人向身边人借钱借物的现象常常发生。因此，我们用两个指标来反映留守老人能够获得的经济支持状况：一个是借钱借物的情况，另一个是收到财物赠予的情况。

从表4－5的统计结果来看，农村留守老人遇到临时生活困难时，借钱借物的首要对象是亲戚，占比达到42.2%，其次才是子女，占比为36.9%，而邻居在这方面的帮助也非常大，占比达到33.0%，朋友在这方面也发挥了重要作用，占比为22.9%。可以看出，留守老人在子女外出的情况下，亲戚在借钱借物方面发挥的作用超过了子女，邻居和朋友发挥的作用也比较大。在财物赠予方面，几乎一半（49.2%）的留守老人是从子女那里获得财物赠予的，从亲戚那里获得财物赠予的留守老人也达到一定比例，为30.4%，孙辈、邻居和朋友对留守老人的财物赠予也达到一定比例，政府在这方面也发挥了一定作用。

总体而言，在对留守老人的经济支持上，子女和亲戚发挥了主要作用，但邻居和朋友的帮助作用开始增加。特别应该注意的是，在借钱借物这种等价交换关系中，留守老人更容易从亲戚、邻居和朋友关系中获得支持，其中邻居和朋友属于非血缘关系。而在财物赠予这种非等价交换关系中，留守老人仍然主要依靠具有血缘关系的子女、亲戚和孙辈，非血缘关系的邻居和朋友在财物赠予支持上的占比大大降低。

（二）劳动力支持——家务支持、搬重物支持、购物支持

子女外出往往造成留守老人家庭主要劳动力缺失，留守老人在做家务、搬重物和购物等方面常常需要借助外部劳动力的帮助。因此，我们用家务支持、搬重物支持和购物支持三个指标来衡量留守老人获得的劳力支持。

从表4－5中可以看出，留守老人在家务支持上，对其帮助最大的是配偶，其次是子女，然后是孙辈，其他人的帮助较少。也就是说，留守老人的家务支持主要依靠家庭成员。这是因为家务劳动比较

琐碎，比较花时间，且每家每户几乎同时进行，因而一般只有共同生活的家庭成员才能提供帮助。在搬重物方面，留守老人主要依靠子女（主要是未外出子女）和邻居，分别占52.5%和43.9%，未外出子女始终对留守老人有帮助的义务，尽管可能分居，但对年迈的留守父母仍需要承担一定的赡养责任。邻居则由于距离近，具有随叫随到的好处，因此在搬重物上，对留守老人的帮助较大。在购物支持上，配偶和子女发挥主要作用，孙辈和邻居也提供了重要支持。

从劳动力支持上来看，配偶、子女和孙辈等家庭成员发挥了重要作用，但由于子女外出，特别是同住子女外出，许多留守老人在需要劳动力帮助的情况下，也开始向邻居、亲戚和朋友等求援。可见，在农村留守老人仍然主要依靠家庭成员提供劳动力支持的情况下，子女外出造成家庭劳动力缺失是留守老人面临的主要困难之一。幸运的是，目前农村社区居民之间的联系仍然紧密，留守老人仍可以得到邻居、朋友和亲戚的劳动力支持，缓解了暂时的劳动力缺失状况，让留守老人在缺少子女帮助的情况下，能够维持正常的生活。

（三）精神支持——谈心解闷、解决矛盾、商量大事

精神支持是老年人生活的重要方面，对于子女外出的留守老人具有重要的心理支撑作用。对于子女外出的留守老人，即使经济支持和生活照料稍显困难，但如果能够在精神上获得支持，其生活境况也不至于太糟糕。农村留守老人的精神支持主要体现在三个方面：平时是否有人陪伴聊天解闷，家庭矛盾是否有人帮助解决，以及遇到突发的大事情时是否有人可以商量。我们从这三个方面来看留守老人能够得到哪些人的支持，从而反映留守老人在不同事件中，对不同人群的依赖程度，进而间接反映其能够获得的精神支持状况。

从表4-5中可以看出，在遇到大事时找何人商量这一问题上，留守老人表示主要找子女和配偶商量，二者分别占71.0%和40.3%，而且找儿子商量的占比较高；找亲戚商量的也占到一定比例，为25.5%。找其他人商量大事的留守老人占比较低。说明在重要问题上，留守老人倾向于找家庭成员中的重要成员商量，因为家庭大事一般必须由户主做出决定。当出现家庭矛盾时，留守老人表示主要找子

女来解决，在多子女的情况下，如果留守老人与其中一个子女发生矛盾，往往会找其他子女来解决。同时，亲戚、邻居、配偶和村干部也在解决家庭矛盾中发挥重要作用。特别要提到的是，现阶段，村干部除了负责村庄外部事务工作以外，在村庄内部所发挥的作用主要是调解家庭内部和不同家庭之间的纠纷，在其他方面的帮助作用较小，对留守老人的帮助也很小。这也是农村土地实行家庭承包制以后，村干部在村庄内部的主要角色任务和工作内容。留守老人谈心解闷的主要对象依次是子女、配偶和孙辈，三者分别占 64.4%、43.5% 和 21.0%。亲戚、邻居和朋友对留守老人的聊天支持发挥一定的作用，但作用不大。这是因为，一方面留守老人往往忙于各种家庭事务，基本没有多少空闲时间与家庭之外的成员聊天谈心，因而家庭成员成为他们主要的聊天对象，同时也表明了留守老人社交圈的狭小。另一方面也反映出，留守老人的社会交往存在着一定的功利性倾向，即当有实质性需求时，才会找外人帮助，而平时则较少交往。当然，第二个方面也是受到第一个方面（闲暇时间较少）的限制而造成的。这两个方面都在实地调研中得到证实。

总体而言，在精神支持方面，留守老人仍然主要依靠家庭成员，而且由于子女外出后，留守老人闲暇时间更少，社会交往活动较少，尤其是非功利性社会交往减少，社交圈逐渐缩小，特别是与非家庭成员之间的交往减少，这一点可能不利于留守老人的精神心理健康。但在解决家庭矛盾方面，非家庭成员如亲戚、邻居、朋友在解决家庭纠纷中发挥了重要作用，特别是村干部仍然认为解决村民家庭矛盾是其重要工作内容，且在实际中也确实仍然发挥着重要作用。

（四）养老支持——生活照料、养老依靠

依靠何人养老是农村老年人最为关心的事情，更是留守老人最担心的事情。在农村，绝大多数老人都支持子女外出谋求发展，改善家庭物质生活条件。但子女外出时间多久，在留守老人年老体弱之时能否回家照顾老人，承担养老义务，则是留守老人难以控制，也是最为担心的事情。当留守老人年迈多病之时，即使外出子女仍然给予经济支持，但日常生活能否得到子女照料，养老最终依靠谁成为留守老人最大的心病。因此，我们用生活照料和养老依靠两个指标来反映留守老人的养老支持状况，其中包含有对未来期望的成分，而不完全是现实情况。比如，对于"养老靠谁"这个问题，对于许多目前并不依靠外出子女养老的身体健康的低龄留守老人而言，实际上隐含着"未来您老了之后，主要靠谁来养老"这样的假设在里面。因此，养老支持包含了留守老人对未来养老的打算和期望。

从表4–5中可以看出，留守老人在生活照料方面主要依靠配偶、邻居和朋友，这三者提供支持的占比分别为39.6%、35.8%和29.3%。子女、孙辈和亲戚在生活照料上也有一定帮助。事实上，无论子女是否外出，配偶都是老人生活照料的主要提供者，说明配偶在老人生活照料帮助上的重要性，而丧偶老人的生活照料也就更容易出现困难。值得注意的是，由于子女外出，邻居和朋友提供生活照料的比重超过了子女提供照料的比重，说明子女外出确实对留守老人的生活照料产生重要的负面影响。在养老依靠方面，绝大多数留守老人选择的是子女，占比高达91.4%，只有12.2%的留守老人选择由孙辈提供养老支持，6.7%的留守老人选择由配偶提供养老支持，7.5%的留守老人选择由政府提供养老支持。说明当前农村养老仍然主要依靠子女，在无法依靠子女的情况下才会选择依靠家庭其他成员提供养老支持。这一方面反映了当前农村养老模式仍然以家庭养老为主，子女仍是养老的主体，而且老人也希望由子女提供养老支持，在万不得已的情况下，才选择其他人。另一方面也体现出政府或社区提供的养老模式在农村覆盖的范围较窄，影响力小，特别是农村敬老院提供的养老服务较差，老年人一般不愿意到敬老院养老。

表4–5　　　　　　　　留守老人的社会支持状况　　　　　　单位:%

支持项目	配偶	子女	孙辈	邻居	朋友	亲戚	政府	村干部
借钱借物	10.2	36.9	4.4	33.0	22.9	42.2	4.6	3.2
赠予财物	9.6	49.2	18.5	12.7	15.3	30.4	7.6	3.5
家务支持	47.3	37.9	22.3	2.9	3.6	3.7	0.5	0.8
搬重物支持	17.0	52.5	15.7	43.9	18.5	19.8	0.9	2.2

续表

支持项目	配偶	子女	孙辈	邻居	朋友	亲戚	政府	村干部
购物支持	39.2	33.3	17.1	17.3	11.1	9.3	0.5	1.0
商量大事	40.3	71.0	6.1	7.1	6.1	25.5	1.8	5.5
解决矛盾	24.3	48.4	5.3	25.0	18.3	25.5	5.0	23.9
谈心解闷	43.5	64.4	21.0	12.6	8.2	18.6	0.9	1.0
生活照料	39.6	23.9	18.7	35.8	29.3	17.6	0.6	1.1
养老依靠	6.7	91.4	12.2	1.4	2.0	4.8	7.5	1.2

　　总的来说，由于子女外出，农村留守老人的生活照料受到较为严重的负面影响，外出子女无法提供生活照料支持，使得许多留守老人的生活照料只能由邻居、朋友、亲戚等提供，生活照料向家庭之外"溢出"，很可能会影响照料提供的及时性和质量，进而影响留守老人的生活质量。从未来的养老期望中可看出，绝大多数农村留守老人指望由子女来承担养老责任，在没有子女或子女不愿意养老的情况下，才依靠其他人。政府提供的养老由于范围窄，服务质量差，目前并不受留守老人欢迎。

第五章 留守老人的社会保障状况

老年人由于身体或退休制度上的原因，主动或被动退出劳动领域，对子女和养老金的依赖性增大，世界各国都注重社会养老保障制度建设，养老金支出也是社会保障支出中占比最大的部分。由于子女外出务工难以及时提供经济支持，留守老人相较于非留守老人对社会保障的依赖更大，社会保障支持水平对其生活质量的影响更为直接，社会保障状况也与其贫困状况联系得更加紧密。当前，我国农村社会保障体系主要包括社会保险、社会福利和社会救助三个方面的内容，主要保障项目有新型农村社会养老保险（以下简称新农保）、新型农村合作医疗保险（以下简称新农合）和农村最低生活保障制度（以下简称农村低保），这三项社会保障项目的受益人群较广，保障水平也较高，其他如独生子女父母补助、高龄护理补贴等保障项目，均只针对特殊老年人口群体，因此下文着重从新农保、新农合和农村低保三个保障项目来介绍民族地区农村留守老人的社会保障状况。

一 我国农村社会养老保障发展状况

（一）农村社会养老保障发展进程

改革开放以来，我国社会保障制度从单位保障制逐步转型为政府和企业主导、社会各方与个人责任共担的国家—社会保障制。农村社会保障制度虽然起步较晚，但近年来制度建设逐步完善，保障覆盖面逐步拓宽，保障水平逐步提高，为包括留守老人在内的农村老人提供重要的经济支持和公共服务。从社会保障的整体公共支出情况看，

2008 年我国社会保障公共支出为 20647.6 亿元，到 2013 年就达到了 59019.5 亿元，其间年均增幅达到 23.4%，约为同期我国 GDP 年均增速的两倍。农村社会保障支出也随着新农合、农村低保和新农保，以及各类补助津贴和特殊人群奖励制度的相继建立，而逐步加大财政投入力度。

我国新型农村社会养老保障制度在进入 21 世纪后取得重要进展，各省（区、市）在中央统一的政策框架下建立了农村社会保障体系，川、滇、黔三省的农村社会养老保障制度建设也取得了长足进步。在农村社会保险方面，2003 年的《关于建立新型农村合作医疗制度的意见》提出，在全国农村建立新型农村合作医疗制度。其后，政府不断增加新农合的投入并提高报销标准。2004 年我国新农合参合率为 75.2%，到 2013 年 12 月底我国已将所有农村居民纳入保障范围，农村居民参合率达到 98.7% 以上，新农合人均筹资水平由 2003 年的 30 元提高到 2013 年的 300 元左右。2012 年《关于印发"十二五"期间深化医药卫生体制改革规划暨实施方案的通知》提出，到 2015 年新农合政策范围内住院费用支付比例均达到 75% 左右，新农合门诊统筹覆盖所有统筹地区，支付比例提高到 50% 以上。农村社会保险制度对老年问题、疾病问题的应对能力不断增强，许多农村老人受惠于该项政策的实施，农村老人"因病致贫、因病返贫"现象得到抑制。与此同时，2009 年 9 月 1 日《国务院关于开展新型农村社会养老保险试点的指导意见》（国发〔2009〕32 号）发布，开始在全国试点新农保，到 2012 年基本实现制度全覆盖。新农保参保人数从 2009 年的 7277 万人增加到 2013 年底的 4.98 亿人（因 2013 年我国新农保与城居保合并，此为新农保和城居保参保人数之和），其中获得新农保支持的人数达 1.38 亿人。新农保成为许多农村老人的重要经济支持来源，在解决农村老人养老保障方面发挥着越来越重要的作用。

在农村社会救助制度方面，2000 年以来，农村社会救助制度内容体系的完善主要表现为医疗救助制度的建立、农村最低生活保障制度的建立和"五保"供养制度的发展。2003 年的《关于实施农村医疗救助的意见》开始在农村建立医疗救助制度。2013 年民政部门直接

医疗救助 2126.4 万人次，各级财政共支出直接医疗救助资金 180.5
亿元。1996 年民政部下发了《关于加快农村社会保障体系建设的意
见》，标志着农村低保工作的正式展开，但此后 10 年工作进展相当缓
慢，处于试点阶段。2005 年的《关于推进社会主义新农村建设的若
干意见》提出，在有条件的地方探索建立农村最低生活保障制度。直
到 2007 年《关于在全国建立农村最低生活保障制度的通知》颁布，
才开始在全国 31 个省（区、市）全面实施，当年享受农村低保人数
为 3566.3 万人，平均保障标准（人均补差）为每人每月 38.8 元；此
后农村低保的保障人数逐年增加，保障水平逐渐提高，2013 年享受农
村低保人数增加到 5388.0 万人，人均补差提高到 202.8 元/月。且
2013 年全国农村低保平均标准为每年 2434 元/人，比上年提高 366
元，增长 17.7%；全国农村低保月人均补助水平为 116 元，也比上年
增长 11.7%。同时在"五保"供养制度发展方面，1994 年的《农村
五保供养工作条例》建立了"五保"供养制度，以乡统筹、村提留
提供"五保"供养基金。2000 年的《关于进行农村税费改革试点工
作的通知》规定，"五保"供养资金来源由原来的乡镇统筹和村提留
转变为农业税附加和农业特产税附加。2004 年的《关于进一步做好
农村五保供养工作的通知》，确定将"五保"供养资金列入县乡财政
预算。2006 年《农村五保供养工作条例》修订，确定"五保"供养
资金在政府预算中列支，并在"五保"审批管理、"五保"供养标准
增长机制、"五保"供养服务机构建设上进行完善。同年，《关于农
村五保供养服务机构建设的指导意见》颁布，对"五保"供养机构
的定位、发展进行指导。可见，农村"五保"供养制度资金的筹集层
次逐步提高，有利于保障足够的资金支持，各项"五保"供养管理和
服务制度逐步完善，使得农村"五保"老人的生活更有保障。

农村社会福利也逐步完善，资金投入力度逐步加强。特别是许多
地方开始探索建立老年津贴制度，农村贫困老人逐渐受到重视。如
2008 年，云南、武汉、上海等地建立老年津贴制度。老年津贴主要针
对 80 岁以上的老年人发放，资金来源于地方政府，年龄越大津贴标
准越高。到 2010 年 5 月 17 日，全国在省级层面建立 80 岁以上高龄

津贴制度的省（区、市）有7个，在地级层面建立80岁以上高龄津贴制度的有21个。到2015年，全国19个省（区、市）建立了80周岁以上高龄老人津贴制度，23个省（区、市）建立了生活困难老人养老服务补贴制度，4个省（区、市）建立了失能老人护理补贴制度。四川、云南以及贵州的部分市（州）也都建立了高龄老人补贴制度，但各地标准不一，即使在省内也差异较大。如四川成都市对80—89岁老人每月补助50元，而四川遂宁每月仅补助25元，差距高达一倍。贵州的贵阳、毕节、铜仁三地建立了市（州）级层面80岁高龄老人补贴制度；目前贵州省共计有31个县（市、区）建立了80岁以上高龄老人补贴制度，人均年补助标准为200—1800元不等。另有74个县（市、区）建立了县级层面百岁高龄老人补贴制度，人均年补助标准为500—4800元不等。可以看出，虽然许多地方建立了高龄老人补贴制度，以及其他诸如独生子女扶助制度等，但补助标准还很低，对老人的实际帮助有限。如贵州建立了高龄老人补助津贴制度的市（州），每月平均计算下来，80—89岁高龄老人每人每月获得的补助仅为16.7元。可以说，这一补助标准对高龄老人的生活帮助较为有限，仅仅聊胜于无。

总的来说，在社会养老保障制度建设上，各省（区、市）均根据中央统一部署，结合本省（区、市）实际情况制定相关政策，但总体政策要求和执行程序等一般差异不大，只是在各个项目的保障标准上差距较大，在同一省（区、市）不同地区，或者同一地区的不同县区也存在差异。如云南的新农保对60岁及以上农村老人的补助存在较大差距，经济条件好的丽江市，补助标准是每人每月200元，而其他经济条件差的边远地区仅为每人每月55元，完全由中央财政支付。贵州贵阳市两城区——南明、云岩的农村老人每人每月获得115元补助，而其他区县则只能获得60—80元不等的补助。可以说，我国农村社会保障制度建设在取得巨大成绩的同时，也仍存在若干亟待解决的突出问题。首先，我国社会保障总体水平仍然比较低，保障体系还不完善；社会保险统筹水平和统筹层次还不高，社会保障公共服务能力建设滞后，基层社会保障信息化水平整体较低，管理服务体系不健全。其次，社会保障发展不平衡，农村地区社会保障发展严重滞后，城乡间、不同群体间社会保障待遇差距仍然较大，基本社会保险管理体制和运行机制城乡分割、地区分割现象仍普遍存在。最后，随着城镇化进程的快速推进，农村留守老人数量增加，其养老服务问题越来越突出，与此同时，农村老人随迁入城可能也对城乡社会保障制度的整合衔接和管理服务一体化提出了更高、更迫切的要求。

（二）农村养老保障服务存在的问题

相对农村社会养老保障制度而言，农村养老服务问题更加突出。虽然近年来农村留守老人的关爱服务体系得到各级政府重视，要求完善相应社会养老保障制度，开展关爱服务活动，建立关爱服务网络体系，但仍存在较多问题：

一是农村养老政策缺乏针对留守老人的，相关配套政策支持不到位。近年来，川、滇、黔三省都出台了一系列政策文件支持农村社会保障和养老服务体系建设，这些政策涵盖了农村老人经济支持、医疗保障、生活照料和精神文化等重要方面，提高了农村老人的养老保障水平。农村社区依托乡镇敬老院、村级组织活动场所等设施，开展以高龄、失能、独居、特困老年人为重点的生活照料服务；基层老年协会在维护老年人合法权益、参与社会公益事务、组织老年人参与经济社会建设、开展丰富多彩的文体活动、推动基层民主政治建设等方面发挥了积极作用。这些方面都反映了各省高度重视老龄工作，有效地提高了农村社会养老保障水平和农村老人的生活质量。特别是在养老服务建设方面，组织建立公开、平等、规范的养老服务业准入制度，积极支持以公建民营、民办公助、政府补贴、购买服务等多种方式，给予社会办福利机构在规划、建设、税费减免、用地、用水、用电等方面优惠政策，鼓励社会资金以独资、合资、合作、联营、参股等方式发展养老服务业。这些措施有力地推动了民族地区养老服务体系建设发展，不断满足老年人日益增长的养老服务需求，但仍存在一些问题，主要表现在：①大多数养老保障政策以全部农村老人为受益或服务对象，对留守老人的政策支持存在一定空白。②缺少支持老年人口随着子女在城乡之间、地区之间自由迁移流动的政策。城乡二元社会结构拉大城乡差距，导致城乡人口在就业、医疗、住房、社会保障等方面存在重大差别，农村老年人往城镇迁移时不得不付出高额的迁移成本。③缺少支持家庭成员加强养老责任的政策。农村家庭由于子女外出打工而造成家庭养老功能弱化，但在相关养老政策方面，将家庭作为政策受益对象的却很少。在强调家庭养老责任的同时，缺乏对家庭成员在养老方面的实质性支持。

二是农村养老关爱服务机制仍不完善，养老管理部门的组织结构亟待改造。在关爱服务机制方面，到目前为止，所有政府机构的职能中均未明确应对老龄人口问题的牵头单位，各项老年优惠政策分散在各个部门，部门之间利益分割，职责划分不清，协调困难，缺乏有效监督，应对农村留守老人的相关政策措施和实际行动难以落实到位。最终导致农村养老设施供给严重不足，养老服务队伍专业化建设滞后；缺乏开发利用老年人力资源，提高老年人参与社会发展、社区活动的制度安排；尚未建立老龄工作评估机制，难以推动老龄工作质量、效果提升；等等。这些问题，使得农村留守老人的突出困难难以得到有效解决。

在纵向组织结构上，农村养老服务体系包括省、市（州）、县（区）、乡（镇）和村五个管理层级。各级老龄办负责组织、协调、指导、督促有关部门做好老龄工作，参与制定和落实相关养老政策。各级民政局负责本级养老机构建设，对本级养老机构的管理运行状况进行监督。各级老龄办和民政系统虽然存在行政级差，但是由于二者均隶属于当地政府，并非采用垂直管理模式，上级对下级不存在人事任命权。在事务管理上，老龄办系统并不直接管理养老院、敬老院等养老服务机构，对养老服务机构仅存在指导职能。与此同时，不同层级养老服务机构之间缺乏经验交流与共享，也不存在上级养老机构对下级养老机构的技术支持和指导，容易导致一些偏远的养老服务机构出现经营困境。这种组织层级和管理模式带来几个问题：①上下级管理组织机构封闭运行；②养老资源过于集中；③养老资源无法共享。同时，由于老龄办并不直接管理和考评养老机构，因而无法对养老机构的运行状况进行监督指导，也无法具体要求养老机构遵守行业规范，一定程度上制约了农村养老服务发展。这在一定程度上还会造成行政体制对市场机制动员社会资源能力的挤出效应，与目前社会转型期，利益主体多元、思想文化观念多样，市场和社会组织广泛发育的实际情况不相适应。

三是未能充分挖掘和调动农村社区养老资源，发挥各基层组织的养老作用。敬老院和村庄社区作为农村养老的重要服务平台，其对家庭养老的辅助和补充作用没有得到很好的发挥。以贵州为例，云南和四川与贵州在发展方向和内容上差别不大，只是发展速度存在一定差异。近年来贵州省不断加大对农村养老机构、养老场所的资金投入，2014 年政府筹集 3 亿元用于养老机构建设，新建、改建、扩建农村敬老院 120 所、老年养护院 9 所，农村幸福院 3000 所。敬老院原则上只收"五保"老人，不收生活存在实际困难且长期处于无人供养状态的老人。导致农村敬老院入住率不高，床位利用率较低，2010—2014 年，除了 2011 年床位利用率达到 61.4% 以外，其他三个年份的养老床位利用率均未达到 60%。这与农村养老服务资金投入不足、缺乏护理人员、服务项目较少、服务质量不高有关。与此同时，农村养老机构发展迅速，2013 年底农村社区养老服务站达 1041 个。但大部分农村留守老人仍未享受到相关养老服务，农村社区养老服务站的覆盖范围有待扩大，提供服务的积极性有待加强。此外，近年来建设的农村养老楼、幸福院等，由于只有建设资金，而缺乏日常运作资金投入，基本不能够正常运营，造成了养老资源的浪费。老年人维权、文化娱乐和社会参与等方面发展比较迅速，但活动比较单一。2013 年底，老年法律援助中心 1020 个，老年维权协调组织 2445 个，但留守老人的各种权益仍没有得到很好保护，针对留守老人的各种侵权行为和事件时有发生。老年协会 18905 个，老年协会在调解留守老人家庭矛盾、为留守老人提供各种养老支持方面仍有待加强。老年活动室 4452 个，老年人参与社会活动的人次达到 83 万人次。但调查发现，相对男性老人而言，农村留守老年妇女较少参加老年活动室的活动，但参加过年过节的文娱活动的积极性较高。这是因为老年活动室的活动主要以打麻将、打扑克，或看电视、下棋等娱乐活动为主，并不适合农村老年妇女参与。只有过年过节的表演性活动才能调动农村妇女参与的积极性。这说明针对农村老人的娱乐活动需要更多创新。

二 留守老人的社会保障知晓与受益状况

(一) 宣传情况与知晓程度

政策宣传是让民众了解政策内容的手段和途径。政策宣传可以通过电视、广播、网络、手册、字报等方式进行，但由于农村老人识字率不高，许多少数民族农村老人甚至听不懂汉族语言，因此这些宣传手段的作用较为有限，而只有通过村干部或其他村民的口头宣传，才能知道相关养老保障政策。因此，在民族地区农村，村干部是否对社会保障政策进行宣传，是农村老人了解相关政策的重要途径。因而我们在调查问卷中设计了"村干部是否宣传"和"对政策的知晓程度"两个问题，来了解留守老人对相关社会保障政策的知晓程度。表5-1的统计结果显示，在农村主要的三项社会保障制度中，留守老人回答村干部做了宣传占比最高的是新农合，达91.9%，其次是新农保，占比为84.5%，最低的是农村低保，占78.3%。新农合的占比最高的原因是这项政策实施得最早，村干部有足够的时间在不同场合进行宣传，也有足够的时间让村民们口耳相传，并逐渐了解相关政策，因而知道这项政策的留守老人最多。新农保比农村低保实施的时间晚，但村干部宣传得比低保还积极，原因是新农保对所有农村老人是公平的，无论是最早的捆绑式（即60岁及以上的农村老人的子女必须参加新农保，老人才能享受农保补助），还是后面改革形成的普惠式（即许多地方改为60岁及以上农村老人均可享受新农保补助），村干部在里面都没有自己的利益，也没有操作空间。而农村低保则不同，农村低保是有名额限制的，且在评价家庭收入时的主观性较强，一些村干部为了自己利益而不做宣传，即使村民知道有农村低保政策，但一般也不知道本村有多少名额和具体的补助标准。村民知道具体情况越少，对村干部越有利。村干部可以在村民不知情的情况下，将低保名额留给自家人，或作为人情送给关系好的人，换取村民对村干部工作的支持。

从留守老人对三项政策的知晓程度来看，留守老人对政策的知晓程度与村干部的宣传作用紧密相关。村干部积极宣传的项目，留守老人知晓的占比就高，反之，则知晓的占比就低。留守老人完全不知道新农合政策的占比最低，仅为6.2%，而完全不知道农村低保政策的占比最高，为11.1%，完全不知道新农保政策的也高达11.0%，这是因为新农保政策实行时间要晚一些。从全部知道各项政策的占比来看，知晓新农合政策的占比也最高，达到24.7%，新农保次之，为24.1%，而农村低保最低，仅为19.4%。这进一步说明村干部对农村低保的宣传持有保留态度。但留守老人还是能够从其他村民那里知道一些农村低保的情况，因此，表示"知道一些"的占比较高，达到31.1%，只是这部分留守老人一般不知道农村低保的具体细节：一方面是因为农村低保是非缴费型的补助政策，对于多数经济状况不理想的留守老人还是具有吸引力的，使得他们对该项政策保持一定关注度。另一方面由于村干部有意隐瞒其中的一些细节，多数留守老人对该项政策完全知道的不多。可以说，对于与村干部利益关系不大的项目，留守老人的知晓程度要高一些，而与村干部有利益联系，或他们有操作余地的项目，村干部会有意隐瞒一些信息，以保证他们能够从中获得某种好处，致使留守老人的知晓程度不高。

（二）受益情况与帮助作用

社会保障的作用最终体现为保障对象的受益情况及对其帮助作用大小，农村社会保障对留守老人的保障作用，最终体现为农村留守老人在各个社会保障项目中的受益情况和帮助作用大小。从总的受益情况来看，共有762例获得社会保障支付，占总样本（884例）的86.2%。社会保障项目包括新农保、新农合、农村低保、农村"五保"户、优抚安置、医疗救助、独生子女父母补贴、高龄补贴、扶贫项目资金等，凡是得到其中一项保障支付的，均视为从社会保障中受益，当然许多留守老人同时获得多项保障支付，也仅计为一例。这样计算下来，农村所有社会保障项目加总对留守老人的覆盖面仅达

86.2%，仍有 13.8% 的农村留守老人未享受任何社会保障项目。

从农村三项社会保障的受益情况来看，如表 5-1 所示，享有新农合的留守老人占比最高，达到 81.3%，享有新农保的占 68.0%，曾经享有过农村低保的留守老人占 45.2%，为最低。这里用"享有"而不是"参加"，在于突出留守老人在该保障项目上的受益情况，如新农合，虽然绝大部分留守老人都参加了该项目，但是从该项目受益的占比（即享有的占比）肯定比参加的占比要低得多。同样地，目前我国各地参加新农合的比重高达 98% 以上，但从新农合中受益的占比肯定低很多。农村留守老人是疾病多发人群，因此从新农合中受益的占比自然要高，达到了 81.3%。就新农保来看，实际许多地方已经废除了捆绑方式，将所有 60 岁及以上的农村老人纳入保障范围，但仍然有一些留守老人由于各种原因没有享受到新农保补助。实地调查也发现了这一情况，如在贵州贞丰县者相镇某村，尽管该镇已废除捆绑条件，但有几个农村老人由于没有当地户口，因而无法享受新农保补贴。还有一些较为偏远、经济条件困难的县，仍然沿用捆绑方式，大大降低了农村老人享受新农保补助的比例，一些农村老人特别是留守老人，由于子女不参加新农保，自己就无法获得补助，于是还出现了留守老人自己掏钱为外出子女购买新农保，从而能够享受新农保补助的现象。但经济困难的留守老人则无法为外出子女购买新农保，这也是导致新农保受益比例不高的原因。对于农村低保，本来各村名额就有限，加上一些村干部的暗箱操作导致补助对象瞄偏，使得留守老人的受益比例降低。而且各村低保对象常常更换，受益对象不稳定，因而只能询问留守老人近期是否曾经享受过低保，如果是询问调查时点是否享受低保，则这一比例会更低。总体而言，强调个人缴费或普惠性社会保障项目，受益比例较高，而非缴费的选择性保障项目，容易出现瞄偏现象，留守老人的受益比例也较低。

从保障项目对留守老人生活的帮助作用大小来看，认为新农合的帮助作用大的留守老人比重达到 38.6%，认为新农保和农村低保帮助作用大的分别占 23.5% 和 19.0%，其中新农保的帮助作用大于农村低保。认为帮助作用一般的留守老人占比，新农保和新农合远高于农村低保。相反，认为保障项目对其生活没有帮助的，则农村低保的占比远高于新农保和新农合，其中有22.5%的留守老人认为农村低保对其生活没有任何帮助，但认为新农保和新农合对其生活没有任何帮助的留守老人分别占10.8%和8.2%。令人感到意外的是，有14.9%的留守老人认为新农保对其生活的帮助较小，这一比例高于新农合和农村低保。我们认为，原因在于目前新农保的补助标准较低，对留守老人生活的帮助作用还没有充分体现出来。因此，加大新农保的资金投入是完善未来农村社会养老保障的重要举措。

表5-1　　　　　　　　留守老人的三项社会保障情况　　　　　　　单位:%

类别	组别	新农保	新农合	农村低保	类别	组别	新农保	新农合	农村低保
干部是否宣传	是	84.5	91.9	78.3	是否享有	是	68.0	81.3	45.2
	否	8.6	2.7	13.6		否	32.0	18.7	54.8
	不清楚	6.9	5.4	8.1					
知晓程度	完全不知道	11.0	6.2	11.1	帮助作用大小	大	23.5	38.6	19.0
	知道一点	15.5	12.9	13.6		一般	32.2	30.4	21.9
	知道一些	25.0	28.0	31.1		小	14.9	11.7	12.0
	大部分知道	24.4	28.1	24.7		无帮助	10.8	8.2	22.5
	全部知道	24.1	24.7	19.4		不清楚	18.6	11.1	24.6

表5-2　　　　　　　　留守老人社会保障的受益水平　　　　　　　单位:%

类别	组别	占比	类别	组别	占比
总受益水平	500元及以下	10.5	新农保	60元及以下	72.3
	501—1000元	53.5		61—100元	21.5
	1001元及以上	36.0		101元及以上	6.1
新农合	100元及以下	12.6			
	101—500元	24.1			
	501—1500元	25.9	农村低保	50元及以下	31.4
	1501—3000元	20.6		51—100元	54.2
	3000元及以上	16.8		101元及以上	14.4

　　从受益水平的比较也可以看出农村三项社会保障项目的差距情况，表5-2的统计结果表明，农村留守老人总受益水平（包括农村三项社保、高龄津贴、独生子女奖励、医疗救助、扶贫补助等转移支付项目的总和）普遍较低，每年获得社会保障转移支付的总额在500元及以下的占10.5%，在501—1000元的占比最高，达到53.5%，受益水平在1001元及以上的占36.0%。也就是说，有一半以上的农村留守老人每月获得社会保障补助水平在40—85元，这样的保障水平对留守老人生活的帮助作用较为有限。从农村三项社会保障项目的受益水平来看，新农合在补助水平较高的档次，其受益比重比新农保和农村低保高，受益水平也要高一些（新农合按补助总额计算）。农村留守老人中受益水平在501元以上的占比高达63.3%，接近2/3，其中受益水平在1501元以上的占比也高达37.4%；而受益水平在500元及以下的占比仅为36.7%。较高的受益占比和受益水平，使得新农合在留守老人的生活中发挥了重要作用，有效抑制了留守老人"因病致贫、因病返贫"现象。在新农保补助水平方面，绝大多数农村留守老人的新农保受益水平较低，有72.3%的留守老人受益水平每月在60元及以下，即在领取新农保补助的留守老人中，七成以上的留守老人每人每月只领取60元甚至更低。另有21.5%享受新农保的留守老人，每月能够拿到61—100元的补助，能够拿到100元以上新农保补助的留守老人只占6.1%。可见，新农保补助标准仍然偏低，这也佐证了上述关于现阶段新农保补助对留守老人的生活帮助作用不大的观点。农村低保的受益水平比新农保稍高，有54.2%的留守老人受益水平在51—100元，受益水平在50元及以下的仅为31.4%，同时受益水平在101元及以上的仅为14.4%。农村低保采取补助差额的方式，即以低保线为标准，扣除受益对象原有收入之后进行补差，因此补助标准一般不高，原有收入计算和认定也可能存在一定随意性，主要由村干部主观认定，加上农村低保标准线较低，因而农村低保补助对留守老人生活的帮助不大。

三 留守老人的养老保障支持缺口状况

尽管农村社会保障得到迅速发展，三项农村社会保障项目的覆盖面不断扩大，受益水平不断提高，但就目前而言，农村各种社会保障项目补助还很难弥补由于家庭养老功能弱化出现的留守老人生活面临的困难，留守老人的各项社会支持仍然存在一定缺口。为了了解留守老人在养老保障和服务需求方面的满足情况，我们设计了几个问题考察留守老人在经济支持、生活照料、情感支持和社会支持四个方面存在的缺口状况，具体参见表5-3。

表5-3　　　　留守老人各种社会支持缺口情况　　　　单位:%

类 别	无人支持	不需要支持
借钱借物支持	10.3	15.3
生病照顾支持	8.5	3.4
谈心解闷支持	3.7	0.9
搬重物支持	6.1	3.2
赶集购物支持	13.4	7.7
家务劳动支持	13.8	6.5

（1）经济支持方面。我们通过"在发生经济困难和食物短缺时，您向谁借钱借物"这一问题来考察留守老人的经济支持缺口状况。统计结果显示，除了有15.3%的留守老人表示不需要向任何人借钱借物，以及在需要借钱借物时能够得到帮助的以外，还有10.3%的留守老人表示无法向任何人借取财物，即他们无法获得任何人的经济帮助，经济支持无法得到满足。调查发现，不需要经济支持的留守老人一般收入较高或身体健康状况较好，然而对于许多留守老人而言，子女外出务工后，留守老人缺少及时的经济供养的事情时常发生，特别是绝大多数农村留守老人都是没有固定收入的，因而生活中难免发生经济困难和食物短缺的情

况，如果这时得不到他人救济，就可能陷入极度贫困甚至食不果腹的境况。尽管这一代农村老人一般都有几个孩子，但是农村家庭在分家以后，不跟老人同住的子女对留守老人的经济支持很少。因为分家的时候实际上被认为对家庭财产已经进行了相对公平的处置，分家出去的子女认为他们已经没有赡养老人的责任和义务，从而导致一些留守老人不能从未外出子女那里得到借钱借物支持。农村家庭分家一般都对重要的生产生活资源进行了较为合理的分配，让几个孩子家庭都能接受，分家一般需要村干部和家门有威望的长辈参与，对土地、牲畜、房屋以及重要的生活耐用品等进行分配，同时也对老年人的赡养、生病照顾和丧葬费进行分配。跟老人共同居住的子女在分家时会得到更多财物，但也需要承担同住老人的供养义务，包括平时生活供养、生病时期医疗费用和丧葬费，而其他子女家庭则主要看其力量和孝心对老人的生活提供一定帮助，但也可以不提供任何帮助。

案例 5 - 1（E6）68 岁，女，汉族，四川汉源县某村留守老人。老人生养有 4 个子女，其中 1 个女儿 3 个儿子。老伴过世后，在分家时，由于小儿子还未结婚，为了帮助小儿子成家，她和小儿子同住。小儿子虽然外出务工，但由于缺乏技术，打工收入不多，加上还没有成家，较少考虑积蓄问题，因而基本上无力为老人提供经济支持。随着年龄增大，老人下地干活的能力减弱，自己已无法耕种土地，租给别人种，租金很少，无法维持最低生活水平，经常需要向别人借助。但同村的两个儿子和女儿根本不管老人，老人只能向邻居借助。邻居大多出于可怜和同情而对其进行帮助，当然，留守老人但凡到秋收都会尽量先还清借款和借物，但由于劳动力少，往往谷物的质量要比人家借给她的要差一些。邻居之所以愿意接济她，实际带有同情怜悯的成分。

可见，在农村确实有一部分留守老人在出现经济困难时难以获得经济支持，经济支持存在一定缺口，少部分留守老人的基本生活水平无法得到保障。

（2）生活照料方面。通过"当您生病时，得到谁的照顾"这一问题反映留守老人获得的生活照料情况。调查发现有 8.5% 的农村留守老人在生病时得不到任何人照顾，而表示不需要照顾的仅有 3.4%。说明大多数留守老人在生病时需要得到他人照顾，但由于子女外出，致使一部分留守老人在生病时出现无人照顾的情况。生病时是人最脆弱的时刻，几乎每个人都无法避免生病，而老年人生病的概率更高，身体更弱，更需要得到他人照顾。但由于子女外出，留守老人恰恰在生病时常常得不到照顾，极端的情况是极少数留守老人从生病到死亡多时，都无人发现。

案例 5－2（E7）77 岁，男，都匀坝固镇某村留守老人。调查时老人的家人表示老人平时身体很健康，完全能够下地干活，因此同住子女安心外出务工，生病时一般由同村未外出子女照顾。一天早上老人突然感冒发烧，他自己觉得无大碍，中午吃了一点稀饭就上床休息，家人也由于其他事情较忙，当天晚上没有回家，到第二天中午回到家再去探望时，老人已经去世了几个小时。

案例 5－3（E8）云南大理某村，有一位女性老人由于感冒，找到邻居一位女性老人陪同前去乡镇医院看病，不料在半路又自己摔断腿，陪同的老人只能返回村子找人去抬到县医院就医，其外出打工的儿子在几天后才回到家中照顾。

此外，在没有人照顾的留守老人中，各地也有留守老人在家死了几天才被邻居发现的情况。可见，农村留守老人的照料问题，特别是生病时的照顾，显得非常重要。对于许多健康的留守老人，他们最担心的是子女外出，自己在生病时无人照顾。如果生病时无人照顾，不但难以得到及时就医，而且病情恶化也无法观察，往往会导致严重后果。从调查结果发现，仍有一部分留守老人在生病时找不到人照顾，说明留守老人的生活照料存在一定缺口。

（3）情感支持方面。通过询问"当您孤独无聊时，找谁谈心解闷"来了解留守老人的情感支持状况。调查结果发现，有 3.7% 的农村留守老人找不到谈心解闷对象，只有 0.9% 的留守老人表示不需要找人谈心解闷。说明绝大多数留守老人能够找到他人陪伴聊天，只有少部分留守老人找不到谈心对象。相对其他方面，留守老人找不到谈心解闷对象的占比最低，这一方面是因为在农村找人聊天比较容易，路过别人家门口、经过别人劳动的地方或闲时串门都可以聊天，村庄中男女老幼大部分都相互认识，找人聊天比较方便；另一方面农村留守老人往往承担较为繁重的田间劳动、家务劳动，还要照顾孙辈，清闲时间较少，感觉无聊的时间也不多。常常感到孤独的是那些因为身体状况较差，无法出门的老人，他们确实需要有人陪伴，但这种老人占比较小。因此，在我们关注的四个方面中，感到情感空闲的留守老人占比相对其他方面而言要低一些。当然，留守老人的情感支持不仅包括谈心解闷，还包括儿女孝顺程度、家庭生活状况等方面，但谈心解闷无疑是留守老人情感支持的一个重要方面。因而，用"是否能够找到谈心解闷对象"这一衡量指标，也能够部分反映留守老人的情感支持状况。总体而言，农村留守老人情感支持上的需求相比其他方面更容易得到满足，但也仍然存在一定缺口。

在贵州毕节大方鼎新乡的留守老人小组讨论中，一位留守老人表示："自己的忧愁和烦恼已经够多了，心里整天就想着为自己的生活奔波，为孩子的将来担忧，没有时间找人谈心聊天，也不需要谈心聊天，因为没有人会愿意听你诉苦。"另有一位老人对此表示赞同。但另一位性格较开朗（可能经济条件也较好）的留守老人则表示"尽管村里的年轻人外出较多，但还有很多老年同伴可以串门聊天，平时大家经常聚在一起聊天，一个人的时候还可以看电视，情感支持不存在问题"。其他留守老人也表示找人聊天不是问题，但在自己劳动过程中偶尔也会感到孤独。

我们发现，留守老人在情感上是否需要支持，与其性格密切相关，但也与经济条件有关，而且经济条件往往会影响性格特征。经济条件较好的留守老人，不需要为自己和家庭生活考虑、担忧，一般也有较多的时间跟其他老人相处，他们聚在一起的时候有共同话题，情感支持容易得到满足。而经济条件差的留守老人，需要花更多的时间和精力去劳动赚钱，没有时间跟其他老人接触，时间长了之后，原本开朗的性格可能也会变得沉闷压抑，而且脱离老人群体时间长了之后，跟其他老人也没有了共同话题，这更加让他们不愿意参与老人聚会，排斥与其他人的交往，陷入自己苦闷的精神世界无法自拔，最终形成恶性循环。所以，经济问题是农村留守老人的核心问题，是解决养老问题的首要问题。

（4）社会支持方面。我们用不能获得"搬重物、购物、做家务"帮助来反映留守老人在社会支持方面的缺口。调查数据显示，有6.1%的留守老人在需要搬重物帮助时，找不到任何人帮助；得不到购物帮助和家务帮助的留守老人分别占13.4%和13.8%。其中表示不需要搬重物、购物帮助和家务支持的留守老人分别占3.2%、7.7%和6.5%。说明一部分留守老人在搬重物、购物和家务劳动中需要帮助，但得不到相应帮助，存在一定缺口。同时，表示不需要购物和家务帮助的留守老人占比相对高一些，表明许多留守老人能够胜任购物和家务劳动，但在搬重物上存在一定困难。购物支持也是留守老人经常需要帮助的重要方面，毕竟许多农村离集市有一定距离，而留守老人如果家庭劳动或照顾孙辈抽不开身的话，能够获得购物帮助对其生活也能产生积极影响。社会支持是维持留守老人基本生活的重要保障，如果在需要帮助时得不到相应的社会支持，留守老人的生活将变得更加困难，基本生活将会受到威胁。因此，可以从留守老人社会支持的缺口反映出其生活中遇到的实际困难。

在云南大理的小组讨论中，有一位女性留守老人表示，以前子女在家的时候，晾晒谷物几大袋就可以搬完，现在子女不在家，自己要一小袋一小袋背，几个小时也背不完，致使一些谷物没有来得及晾晒而坏掉。还有一位男性留守老人表示子女外出后，最困难的是房屋维修，屋顶漏雨无法修补，致使下雨的时候，屋内经常潮湿。

当前，由于年轻人外出，许多农村地区出现一些不好的发展倾向，特别是农村社区相互帮忙的传统被迫中断。比如以前婚丧嫁娶都是自家办酒席，现在花钱请人办。以前都是自家建房，现在请人建。这是因为许多家庭由于子女外出，老人没有劳动能力，互相帮助的基础条件已经不复存在，只能花钱请人来代办。较为极端的是请人代替出席葬礼。在都匀坝固镇调研的时候，一位留守老人反映，由于该村缺少年轻人，许多家庭老人死后只能花钱请外村人来抬出殡，甚至由于亲戚关系，自己不能到场的，也花钱请人代替出场。年轻人外出不但使得农村社会的许多传统无法延续，农村社区互助共济的优良传统也受到了较大威胁。社区社会资本遭到严重削弱,村庄集体缺乏行动能力。而留守人口则成为一个个"孤岛",在需要的时候无法获得帮助。

　　总体而言,子女支持缺失不但直接导致留守父母无法获得子女提供的各种支持,同时也减少了留守老人获得邻居亲戚的各种支持。因为农村社会的各种相互支持必须在"有来有往"的条件下才得以长时间维系下去,相互支持其实是一种平等资源交换过程,这种交换要实现平衡就需要交换的双方对对方提供的各种支持在恰当的时候能够做出回应,综合计算下来双方能够达到一个大体平衡的状况,一方总是受益或受损的情况是无法维持平衡的,也无法得到延续。留守老人的子女外出,直接导致留守老人一方与交换对方(包括邻居、亲戚、朋友等)的资源不平等,比如在提供经济支持和生病照顾方面,留守老人对交换方的依赖较强,而在对方有同样需求的情况下,留守老人却难以提供对等的支持。这就导致资源交换中断,而留守老人陷入无人帮助的状态。因此,子女外出导致留守老人的直接支持和间接支持都大幅减少,子女缺位的同时,导致他人对留守老人的社会支持也会出现缺位,致使留守老人的基本生活难以得到保障。

第六章　留守老人的贫困状况

长期以来，我国重城轻乡的经济社会政策导向，致使贫困人口大多出现在农村。而在农村大量青壮年外出务工的情况下，农村留守老人成为农村贫困人口的主体。因此，掌握农村留守老人的贫困状况，对我国制定减贫政策，对 2020 年全面建成小康社会目标具有重要的现实意义。贫困研究的前提是贫困人口识别与贫困状况测量。贫困人口识别的依据是人们对贫困现象的认识和理解，即对贫困概念的界定，以及对贫困标准的划定。贫困测量则需要构建相应的指标，对贫困状况进行测度，贫困测量是制定扶贫政策和实施贫困救助的重要依据。因此，下文从贫困概念界定出发，构建农村留守老人贫困测量指标，据此对西南三省民族地区农村留守老人的贫困状况进行测量和分析。

一　贫困概念及其测量

（一）贫困概念

贫困是客观存在的社会现实，是可以感知、体验和认识的，然而要对贫困下一个准确的定义却极为困难。对于贫困，既可以看作收入匮乏，也可以将其视为能力丧失或权利被剥夺。贫困既是一种普通而常见的经济现象，又是一个内涵复杂的社会问题。不同的学科领域，不同的思想意识形态，不同的生产力发展阶段，不同的国家，不同的社会制度对贫困的理解和定义不同。迄今为止，众多国内外专家学者从不同学科角度定义贫困，对贫困做出了各种各样的解读，其中具有代表性和影响力的，至少有几十种。

贫困最初仅仅指收入和基本生活必需品不能满足日常需要，关注的是物质层面的绝对贫困概念。贫困概念由英国经济学家朗特里（Seebohm Rowntree）在 1901 年出版的《贫困：城镇生活研究》一书中第一次给出明确定义，他认为贫困是指总收入水平不足以获得仅仅维持身体正常功能所需的最低生活必需品，包括食品、房租和其他项目等。此后，贫困常常被理解为物质必需品的匮乏。这一定义较为直观，容易理解，能够形象地描述贫困者的生活样态。因而，这一定义奠定了贫困研究的基础，对后续研究影响很大。20 世纪 70 年代以前，人们对贫困的理解也主要基于匮乏说。目前，国际上大多数扶贫项目都是基于收入贫困开展的，我国的扶贫政策也以收入贫困标准为依据。但这一定义仅仅着眼于基本生活品和收入的匮乏，涵盖范围较窄，仅仅关注了贫困的一个维度，即贫困的收入维度。贫困者就是那些没有足够收入或消费使自己的生活水平高于最低门槛的人。这一观点实际关注的是贫困的具体表现形式，其优势在于根据这一定义和观点，容易对贫困进行比较准确的量化测量，使贫困变得直观具体。缺点是缺少对贫困的非经济因素的关注，不利于科学制定减贫措施和解决贫困问题。总体而言，从物质层面的角度来理解贫困，仅仅反映了贫困的表象特征，对于认识贫困原因却存在一定困难。

随着人们对贫困原因的不断深入探讨，贫困概念逐渐与贫困归因紧密联系起来。如能力贫困概念就直接涉及贫困归因问题。阿马蒂亚·森率先提出能力贫困概念，扩展了贫困的内涵。他认为贫困的原因就是能力的缺乏，而能力是由一系列功能构成的，包括免于饥饿的功能、免于疾病的功能、接受教育的功能等。这些功能的丧失既是贫困的表现，又是贫困产生的原因。功能的丧失可能是自身原因，也可能是被外部力量剥夺。可见，能力贫困概念既关注贫困者内在或自身与能力有关的因素，又强调能力是否能够充分发挥的外部约束机制。能力贫困概念认为除了收入以外，教育和健康也是影响贫困的重要因素，使贫困概念具有了更广泛的理论内核。由此，贫困概念逐渐从一元转向多元，人们逐渐从多个维度来认识贫困问题。

　　20 世纪 90 年代开始，学者们试图从穷人的社会权利角度来看待贫困，注重社会分配制度对穷人的剥夺状况，将脆弱性、无话语权以及社会排斥引入贫困概念，将贫困内涵扩展到权利贫困。权利贫困是指一批特定的群体和个人应享有的政治、经济、文化权利和基本人权的缺乏导致的贫困。[①] 权利贫困关注社会权力结构对个人权利实现的影响。这种视角倾向于将贫困归结于外部社会结构或制度对贫困者基本生存权利的剥夺与排斥，这种观点加深了人们对贫困及其致因的理解。从权利剥夺角度下定义，强调的重点是社会结构和制度对穷人基本权利的侵犯。权利贫困涵盖了贫困者在政治、文化、经济、社会等方面权利的缺乏。这一概念不仅考虑到了个体生理和智能因素，还考虑到了社会文化、心理和环境因素，是对收入贫困和能力贫困内涵的进一步深入和拓展。[②] 贫困概念进一步呈现多维度特征。

　　事实上，从阿马蒂亚·森提出能力贫困概念以后，研究者们将贫困研究逐渐推向多维角度，认为贫困不单是收入不足，而公共医疗、失业、住房、教育和社会保障缺少机会也是贫困的重要原因。贫困概念也被赋予了更多内涵，包括社会、经济、文化多个方面，贫困的外延被逐渐拓宽，不仅涉及物质生活品，还涵盖了各种权利、社会网络、情感支持的匮乏。贫困问题进一步从经济方面扩展到非经济方面。可以说人们对贫困的认识在不断深化，呈多元化发展趋势，但认识方向基本一致。叶初升和王红霞（2010）归纳了国际学术界对贫困认识的基本方向：从将贫困看成一种静止状态到视为一个动态过程，从一种客观状态到某些主观感受，从确定的概念到模糊的概念，从一维视野扩展到多维视野。[③] 而在贫困测量上，从多维角度把握贫困的实质，逐渐成为学术界的共识。

　　本书试图分别从收入贫困和多维贫困来把握农村留守老人的贫困

[①]　郭熙保：《论贫困概念的内涵》，《山东社会科学》2005 年第 12 期。
[②]　张全红、周强：《多维贫困测量及述评》，《经济与管理》2014 年第 1 期。
[③]　叶初升、王红霞：《多维贫困及其度量研究的最新进展：问题与方法》，《湖北经济学院学报》2010 年第 6 期。

问题，并通过相应指标来衡量留守老人的贫困状况。所谓收入贫困，是指个人或家庭所拥有的收入不能满足自身最基本的生存需要。收入贫困通常根据个人理论上的最低生存需求来确定收入贫困线，然后将收入低于贫困线的个人或家庭确定为贫困主体。本书以我国划定的贫困线为标准。多维贫困是指从多个维度来揭示贫困的内涵和实质。由于研究者的视角和目的不同，多维贫困的"多维"应该包含哪些维度至今仍然存在争议。留守老人是特殊的人口群体，在社会转型、人口流动和农村社会保障体系尚不健全的背景下，农村留守老人更易遭受贫困冲击。同时，由于留守老人的具体特征和现实状况，他们在收入来源和消费结构方面不同于其他年龄群体，在医疗保健、生活照料、精神慰藉等方面也有特殊的需求，而这些都是单一收入标准难以衡量的，这就要求从收入、健康、心理等多个维度考察留守老人的贫困状况。为此，本研究在考察留守老人收入贫困的同时，也构建了相应指标来测量留守老人的多维贫困状况。

（二）贫困测量

贫困测量与贫困概念密切相关，贫困定义反映了研究者对贫困现象、贫困程度的认识和理解，因而也决定了对贫困采用的测量方法和测量指标。就贫困测量方法及测量指标的发展而言，尽管大规模的贫困现象在 19 世纪英国工业化过程中就已经出现，但人们对贫困程度进行测量则是在 20 世纪初期。英国的布什（Booth）和朗特里（Rowntree）首次阐释了贫困的经济含义，提出贫困线和贫困人口比例的概念。测量贫困的方法则主要是基于功利主义的效用评价标准，以购买起码的生活必需品所需的收入水平来确定贫困线，收入低于贫困线的个人或家庭就属于贫困者。这种测量方法是基于贫困就是物质必需品不足的理念而产生的，关注的是货币贫困，属于典型的一维贫困和绝对贫困概念，所以测量维度也是单一的收入/消费维度。此后很长一段时间，几乎所有的研究都将"收入"或"消费"作为"福利"的代名词。① 至于后来发展出的相对贫困概念及其测量，其本质也依然是一维的货币贫困，只不过贫困线是相对的，而生活必需品的构成更加"宽容"，② 但相对贫困的实质仍然是收入不足问题。然而收入不足仅仅反映了贫困的一个方面，无法反映贫困者在教育、健康、社会保障等方面遭受的剥夺情况，而且收入不足只是贫困的外在表现，无法揭示贫困的致因。同时，从长期和动态的角度来看，货币贫困具有可逆性，而非货币贫困往往具有不可逆性。③ 后来提出的能力贫困和权利贫困就往往具有不可逆性，如能力贫困是指人们获取生活资料的能力不足，即缺乏挣钱能力。一个人一旦儿童时期丧失教育机会，往往导致成年后赚取收入的能力不足，且这一能力的缺失往往是永久性的、无法弥补的。因而货币贫困不能完全反映真实的贫困状况，也不利于扶贫政策的制定和实施。

随着人们对贫困概念的理解不断深入，特别是对贫困归因的深入探讨，贫困概念中最初的收入贫困逐渐被多维贫困取代。在贫困的测量上，则从一维测量逐步到多维测量，从仅仅重视客观测量到开始关注主观测量。特别是自阿马蒂亚·森（1976）提出"能力贫困"的新思路以来，理论界逐渐从多个维度来测量贫困。在森的参与和指导下，联合国开发计划署（UNDP）先后在《人类发展报告》中提出了能力贫困指数（CPI）、人类贫困指数（HPI）、人类发展指数（HDI）和多维贫困指数（MPI），成为测量多维贫困的基础文献。国外许多学者也在多维贫困指数的计算方法上进行了有益探索，如 Foster 等（1984）提出的测量贫困的 FGT 指数；④ Hagenaars（1987）从收入和

---

① 李飞：《多维贫困测量的概念、方法和实证分析——基于我国 9 村调研数据的分析》，《广东农业科学》2012 年第 9 期，第 203—206 页。

② 李小云、李周等：《参与式贫困指数的开发与验证》，《中国农村经济》2005 年第 5 期，第 39—46 页。

③ 陈立中：《转型时期我国多维度贫困测算及其分解》，《经济评论》2008 年第 5 期，第 5—10 页。

④ James Foster, Joel Greer and Erik Thorbecke, "A Class of Decomposable Poverty Measures", *Econometrica*, Vol. 52, No. 3, 1984, pp. 761–766.

闲暇两个方面来构建多维贫困指数;[①] Bourguignon 和 Chakravarty（2003）扩展了 FGT 方法;[②] Alkire 和 Foster（2009）提出了 A – F 测量方法，并探讨了多维贫困的识别、加总和分解方法;[③] 等等。不同研究者对指标的选取存在一定差异，但大多数多维贫困测量指标体系一般由收入、健康、教育三个重要维度和一系列核心指标综合构成。目前被普遍认可的是由 Alkire 主持开发、联合国开发计划署正式发布的多维贫困指数（Multidimensional Poverty Index，MPI），该指数从教育、健康和生活标准三个维度，选取 10 个指标来测算多维贫困状况，其中健康和教育维度各有两个指标，生活标准维度有 6 个指标，每个指标的权重相同。具体测量上，如果一个个体或家庭有两个以上指标是贫困的，那么这个家庭就是多维贫困家庭。

我国在多维贫困测量研究中，主要是对国外成熟理论和测量方法的介绍和应用，多数研究利用中国健康与营养调查（CHNS）的数据，对我国城乡贫困状况进行测量和研究。如王小林和 Alkire（2009）使用 A – F 多维贫困测量方法，利用 2006 年中国健康与营养调查（CHNS）数据，从住房、饮用水、卫生设施、电、资产、土地、教育和健康保险 8 个维度，对中国城市和农村家庭的多维贫困进行了测算，结果表明，中国城市和农村的多维贫困状况远高于国家统计局以收入为标准测量的贫困发生率，并且，卫生设施、健康保险和教育对多维贫困指数贡献最大。[④] 邹薇和方迎风（2011）利用 CHNS 数据，从"能力"方法的视角，选取收入、教育和生活质量三个维度上的 8 项指标，考察了国内家庭多维贫困的动态变化。[⑤] 王春超和叶琴

---

① Aldi Hagenaars, "A Class of Poverty Indices", *International Economic Review*, Vol. 28, No. 3, 1987, 28 (3), pp. 583 – 607.

② Francois Bourguignon and Satya R. Chakravarty, "The Measurement of Multidimensional Poverty", *Journal of Economic Inequality*, Vol. 1, 2003, pp. 25 – 49.

③ Sabina Alkire and James Foster, "Counting and Multidimensional Poverty Measurement", *Oxford Poverty & Human Development Initiative* (*OPHI*) Working Paper, No. 32, December 2009.

④ 王小林、Sabina Alkire:《中国多维贫困测量：估计和政策含义》,《中国农村经济》2009 年第 12 期，第 4—10 页。

⑤ 邹薇、方迎风:《关于中国贫困的动态多维度研究》,《中国人口科学》2011 年第 6 期，第 49—59 页。

（2014）采用 CHNS 的个人数据，利用多维贫困测量方法估计中国 9 省的劳动者在收入、健康、教育、医疗保险四个维度的多维贫困状况，对比分析农民工和城市劳动者多维贫困状况，发现教育对农民工多维贫困的贡献度更高。① 张全红（2015）也利用 CHNS 数据研究我国多维贫困的动态变化，发现我国的多维贫困正在向有利的方向变化，多维贫困逐年得到了改善，并且多维视角下的减贫效果好于单一收入视角下的减贫效果。教育和健康贫困是目前我国多维贫困的主要原因。② 除此之外，还有利用农村贫困监测数据或调查数据，对局部地区或某个省份的多维贫困状况进行的研究。如杨龙和汪三贵（2015）利用中国农村贫困监测调查数据对我国农村贫困地区多维贫困状况进行测量，并对多维贫困指数进行分解发现，农户面临的最严重问题是饮水问题而非增收问题。③ 陈立中（2008）使用 Watts 多维度贫困指数，利用《中国人类发展报告》相关数据，从收入、知识和健康三个维度测算了我国 1990 年、1997 年和 2003 年的多维度贫困状况，结果表明，1990—2003 年我国多维度贫困出现大幅度下降，其中，收入贫困下降最多，健康贫困下降最少，同时还存在教育发展的不均衡状况。这一研究还发现，通常使用的收入救助政策存在瞄准偏误。④ 郭建宇和吴国宝（2012）利用山西省贫困县的住户数据，以 MPI 多维贫困指数为基准，研究了多维贫困户与收入贫困户之间的覆盖率和漏人率。⑤ 刘伟和黎洁（2014）利用陕西安康入户调查问卷，借鉴 A－F 多维贫困测量方法，从教育、健康、生活质量三个方面对农户的多维贫困状况进行测量，结果发现，住房、生活燃料、教育对

---

① 王春超、叶琴：《中国农民工多维贫困的演进——基于收入与教育维度的考察》，《经济研究》2014 年第 12 期，第 159—174 页。

② 张全红：《中国多维贫困的动态变化：1991—2011》，《财经研究》2015 年第 4 期，第 31—41 页。

③ 杨龙、汪三贵：《贫困地区农户的多维贫困测量与分解——基于 2010 年中国农村贫困监测的农户数据》，《人口学刊》2015 年第 2 期，第 15—25 页。

④ 陈立中：《转型时期我国多维度贫困测算及其分解》，《经济评论》2008 年第 5 期，第 5—10 页。

⑤ 郭建宇、吴国宝：《基于不同指标及权重选择的多维贫困测量——以山西省贫困县为例》，《中国农村经济》2012 年第 2 期，第 12—19 页。

多维贫困指数的贡献最大。[①]

　　上述我国多维贫困研究结果表明，无论采用哪种数据和哪种多维测量方法，以下两点结论是非常清楚的：一是我国多维贫困比收入贫困更严重；二是非收入因素对多维贫困的影响更大。因此，多维贫困能够更好地反映我国的真实贫困状况。不过由于不同研究者的研究目的、研究视角和研究对象不同，所采用的测量方法和选取的测度指标也不同。我国多维贫困测量仍存在一些问题，如多维测量的标准是什么，多维贫困究竟应该从哪几个维度、选取哪些指标来衡量，各个指标又应该如何分配权重，目前文献尚无一个共同标准。现有研究采用的数据多来自中国健康与营养调查（CHNS）数据，对我国贫困地区的代表性不足，其测量结果并不能反映特殊贫困地区特殊人群的贫困状况。此外，无论是一维的传统收入测量方法，还是多维的贫困研究方法，我国现有贫困测量文献中大多数研究从宏观方面对贫困状况进行测量，宏观指标主要反映的是国家和地区层面的综合信息，无法测定特定的个体、家庭或局部人群的贫困状况和贫困程度。而且这些指标大多是客观指标，无法反映被测对象的主观评价。随着我国农村贫困发生率大幅降低，剩余的贫困人口越来越集中在少数民族地区，对民族地区弱势群体的贫困状况进行研究将具有重要的理论价值和现实意义。

　　本书以川、滇、黔三省民族地区农村留守老人为研究对象，鉴于这些地区人均收入较低，特别是留守老人的收入更低，收入状况是影响留守老人生活质量的重要因素，收入贫困仍然是留守老人面临的主要困难。目前及今后一段时期内，收入扶贫仍然是我国或这些地区重要的扶贫手段，计算留守老人的收入贫困状况对于制定科学合理的扶贫政策具有重要的参考价值。因此，在研究留守老人贫困状况时，收入贫困仍然是本书的重点研究对象。留守老人收入贫困的测量方法是：以 2011 年底国家划定的年收入 2300 元/人的贫困线为标准，年收入低于

---

　　① 刘伟、黎洁：《西部山区农户多维贫困测量——基于陕西安康市 1404 份问卷的调查》，《农村经济》2014 年第 5 期，第 14—18 页。

这一标准即为贫困留守老人。这一标准按购买力平价计算，相当于每人每天收入约2美元，达到了世界银行每人每天收入1.9美元（2015年）的国际绝对贫困线标准。在此基础上，计算留守老人的贫困率和贫困距，描述贫困留守老人的特征，分析影响贫困的主要因素。

然而，仅个人收入状况并不能完全真实反映留守老人的贫困状况，因为"留守"并不意味着经济独立，收入或消费上与子女独立核算。对于大多数留守老人而言，即使子女外出不与留守老人同住，但收入或消费上仍然以家庭为单位共同计算，留守老人的收入与家庭成员的收入难以截然分开。如果从留守老人自身能够支配的收入来看，有的留守老人自己可能完全没有收入（特别是高龄、残疾老人），但其家庭较富裕，因而并不贫困。而有的留守老人自己可能有可观的收入，但由于子女收入较少，从整个家庭收入和支出来看则属于贫困。如果从家庭人口的平均收入来计算，有些收入又不是留守老人能够独立支配的，平均收入实际就是一种虚拟收入，并不对留守老人生活产生实际影响。这样看来，留守老人的贫困状况并不仅仅受到客观指标收入不足的影响，其他因素的缺失也会导致留守老人陷入贫困境地。因此，本书从多维贫困的视角测量留守老人的多维贫困状况，考虑到留守老人的脆弱性及其贫困的复杂性，同时为了反映贫困的主观性与比较性特征，我们采用留守老人自我主观评价方法，并尽量涵盖留守老人的多方面致贫因素，最终确定多维贫困测量指标包括8个维度16个指标，如表6-1所示。

表6-1列举了对留守老人的多维贫困状况进行测量的8个维度和16个指标，8个维度包括收入、健康、住房、社会关系、主体性与赋权、安全、休闲娱乐和主观福祉，每个维度由两个指标构成。需要指出的是，由于在上文的单一收入维度测量中，我们已经采用客观收入水平作为测量标准，因此在这里的多维贫困测量中，收入维度的测量不再采用客观收入指标，而是采用留守老人主观评价的收入层级和收入稳定性来测量，目的也是与其他维度一样，都是从留守老人的主观评价来测量其多维贫困状况。本研究多维贫困的识别方法是这样界定的：每个指标按照5级计分方法进行计分，凡是得分≤2的表示该

个案在该指标处于贫困状况，得分≥3 的视为非贫困；每个维度两个指标得分加总≤4 的表示该个案在该维度处于贫困状况，得分≥5 的为非贫困。最后，有两个以上维度处于贫困状况的留守老人就是多维贫困老人。这一测量方法虽然在确定贫困临界值时存在一定的主观随意性，采用 5 级计分标准也只能粗略表示留守老人的主观评价状况，但该方法收集到的信息量较为丰富，能够从多方面反映留守老人的多维贫困状况，符合留守老人在贫困方面表现出的脆弱性、复杂性特征，也便于对留守老人的多维贫困状况进行加总和分解。

表 6 - 1　　　　　农村留守老人多维贫困测量指标体系

维度	指标	提问方式	评分
收入	年收入层级	跟周围人相比，您家的收入算贫穷还是富裕	1　2　3　4　5
	收入稳定性	您每年（每月）的收入水平稳定吗	1　2　3　4　5
健康	健康状况	您现在的健康状况如何	1　2　3　4　5
	自理能力	您目前生活能够自理吗	1　2　3　4　5
住房	宽敞程度	您现在的住房宽敞吗	1　2　3　4　5
	住房设施	住房的生活方便程度	1　2　3　4　5
社会关系	人情往来多少	村里的红白喜事，您被邀请的次数多吗	1　2　3　4　5
	受尊敬程度	您觉得在村里受别人尊敬吗	1　2　3　4　5
主体性与赋权	家庭决策控制	在家庭事务中，您觉得您有多大的决定权	1　2　3　4　5
	改变生活的能力	您能够通过努力改变自己目前的生活状况吗	1　2　3　4　5
安全	人身财产安全	本村的社会治安状况如何	1　2　3　4　5
	家庭暴力※	您的家人有打骂您的情况吗	1　2　3　4　5
休闲娱乐	睡眠是否足够	您觉得平时睡眠时间够不够	1　2　3　4　5
	娱乐方式多不多	村里老人的消遣娱乐设施是否足够	1　2　3　4　5
主观福祉	自我实现程度	你以前的主要愿望，现在实现了吗	1　2　3　4　5
	目前生活满意度	您对您目前的生活状态是否满意	1　2　3　4　5

注：调查员根据调查对象的回答情况进行勾选，表中"1、2、3、4、5"表示从情况较轻到情况较重的主观评价。※"家庭暴力"是一个反向指标，在表中"5"表示家暴次数最多，"1"表示家暴次数最少，那么家暴次数少对应的是贫困状态非常严重的情况，显然不符合常理。因此在数据录入之后，我们将其数字顺序依次调换，使之变成正向指标，即家暴次数多对应贫困状态严重。这样就能保持与其他指标的方向一致，避免计算出来的多维贫困状况出现偏差。

二　留守老人的贫困状况分析

（一）收入贫困状况

1. 收入贫困程度

在贫困测量中，贫困率和贫困距是目前使用最广的贫困测量指标。贫困率也称贫困发生率，是指贫困线以下的人口占总人口的比例，反映贫困覆盖的广度。贫困距也叫贫困差距，是指贫困人口收入均值与贫困线的差距，反映的是贫困程度的深度。这两个指标计算简单，需要的信息量少，表达直观，操作性较强，且容易被普通民众理解。特别是贫困率指标，由于其本身具有的优点及测度有效性，目前仍然是各国衡量贫困状况的重要指标，常常被作为制定减贫政策的重要依据。如 Foster 和 Shorrocks（1998）研究证明，如果贫困线可以变动，那么贫困率将是一个最有力的贫困测度工具。Hagenaars（1987）也认为，如果贫困线是"饥饿线"（Hunger Line），贫困率将是一个十分优良的测度指数。[①] 因此，本书也从贫困率和贫困距指标来考察西南三省民族地区留守老人的收入贫困状况。

根据调查数据计算，川、滇、黔民族地区农村留守老人的收入贫困率为 31.2%，高于非留守老人 28.0% 的贫困率 3.2 个百分点。同时远高于全国 60 岁以上老年人口贫困率（22.9%），也高于全国农村老年人口贫困率（28.9%）。[②] 贫困距为 737 元，意味着贫困留守老人平均每人每月还差 61 元，才能达到年收入 2300 元的贫困线标准。说明民族地区农村留守老人总体的经济状况处于一个较低的水平，留守老人显然是一个极其脆弱的人口群体，相比其他人口群体更容易陷

[①]　Aldi Hagenaars, "A Class of Poverty Indices", *International Economic Review*, Vol. 28, No. 3, pp. 583 – 607.

[②]　北京大学国家发展研究院：《中国健康与养老追踪调查》（2013），http：// charls. ccer. edu. cn/zh – CN/page/data/2013 – charls – wave2。

入贫困状态。究其原因，首先，我们所调查的地区属于经济发展相对落后、人均收入水平较低的西南少数民族地区，贫困现象本身就比其他地区严重得多，使得调查样本的贫困率高于全国老年人口和农村老年人口贫困率水平。其次，西南民族地区经济发展滞后，财政实力有限，农村社会保障支付待遇水平不高，导致留守老人贫困率偏高。再次，农村留守老人由于受各种限制不能跟随子女进入城镇共同生活，家庭生活成本高，缺少经济来源的老人容易陷入贫困。最后，外出子女提供的经济支持减少，一些留守老人生活出现困难。以上几点可能推高民族地区农村留守老人的贫困率。

分省份来看，留守老人的贫困率也远高于全部人口的贫困率。贵州农村留守老人的收入贫困率为 32.4%，云南为 21.2%，四川为 47.1%；而贵州全省的收入贫困率为 21.3%，云南为 17.8%，四川为 8.6%。各省留守老人贫困率均比本省全部人口的贫困率高许多。从各省贫困留守老人的贫困距来看，四川的贫困距最大，为 811 元，贵州次之，为 807 元，云南最小，为 695 元（见表 6 - 2）。通过三省对比可知，四川留守老人的贫困率最高，贫困距最大，贵州次之，云南相对其他两省要好得多。然而，四川总体经济发展程度较好，农村居民人均纯收入远高于贵州和云南。① 但四川民族地区留守老人贫困率远高于贵州和云南，更远远高于本省全部人口贫困率 38.5 个百分点，二者差距在三个省中是最大的。而云南留守老人的贫困率相对低，且仅高于本省全部人口贫困率 3.4 个百分点，在三省中这一差距最小。原因在于，四川省各州之间农村居民人均纯收入差距过大，② 而且四川的民族地区与贫困地区重合度非常高，民族地区往往就是贫困地区，本研究调查区域恰恰就是经济发展滞后的民族贫困地区，使

---

① 《全国统计年鉴》（2013）显示：四川农村居民人均纯收入为 7895.3 元，贵州和云南仅分别为 5434.0 元和 6141.3 元。

② 如 2013 年四川阿坝、甘孜、凉山三个民族自治州的农村居民人均纯收入仅分别为 6793.1 元、5435.4 元和 7359.1 元，而经济发达地区如成都、德阳、绵阳等，农村居民人均纯收入分别达到 12985.0 元、10094.0 元和 9257.0 元，少数民族地区经济发展水平远远落后于汉族地区。农村居民的人均纯收入最高的成都市比最低的甘孜州高出 2.4 倍。而贵州农村居民的人均纯收入最高的贵阳市比最低的黔东南州仅高出 1.8 倍。

得四川调查样本的贫困率高于其他两省，也高于四川全省的贫困率。云南虽然总体经济发展水平不算高，但云南民族地区的旅游业非常发达，有利于提高当地农民收入，政府给予老年人的补贴也比四川和贵州的要高许多，如丽江市新农保每月给农村 60 岁以上老人 200 元养老金，而贵州省会贵阳市每月最多的区县才发 135 元，大部分地区发55 元。旅游业收入加上政府养老补贴高，增加了云南留守老人的收入，降低了其收入贫困率。贵州少数民族与汉族是"大杂居、小聚居"的居住格局，民族地区与汉族地区经济发展水平差距没有四川大，同时旅游业和政府养老补贴待遇较低，又使得贵州留守老人收入贫困率低于四川，而高于云南。

需要提出的是，收入贫困率和贫困距指标存在一些弊端：一是可能导致扶贫政策选择和实施的取巧行为。如为了减少贫困人口，政府可能选择补贴贫困人口中相对收入较高者，即离贫困线最近的穷人，使其越过贫困线，达到降低贫困率的目的，而不是去帮助那些处于贫困最底层的人，也就是最需要帮助的人。[1] 这对政府扶贫政策的危害性较大。二是存在一些误导。如当贫困人口中出现可防止死亡或未成年死亡时，似乎表明贫困问题得到了改善，但人们对贫困认识的直觉则是，贫困者中出现可防止死亡或未成年死亡意味着贫困者增加，因为贫困者可免于死亡，增加了贫困人口，推高了贫困比重，贫困反而恶化。[2] 三是无法知晓贫困人口之间的具体收入分布状况，即无法知道贫困者之间的不平等程度。[3] 因此，在以收入贫困率为依据制定相关扶贫政策时，应对这些弊端给予充分考虑。

---

[1] World Bank，"Introduction to Poverty Analysis"，World Bank Institute，Washington，D. C，New York，2005，http：//siteresources. wordbank. org /PG LP / resources /poverty Manual. pdf.

[2] Ravi Kanbur and Diganta Mukherjee，"Premature Mortality and Poverty Measurement"，Version：2006，http：//www. arts. cornell. edu/poverty/kanbur/Pov&Death. pdf.

[3] Amartya Sen，"Poverty：An Ordinal Approach to Measurement"，*Econometrica*，Vol. 44，No. 2，1976，44（2），pp. 219－231.

表6-2 留守老人的贫困程度 单位:%、元

类别	贫困率	贫困距
总样本	31.2	737.0
四川	47.1	811.0
贵州	32.4	807.0
云南	21.2	695.0

2. 收入贫困差异

由于不同人群获取收入的能力不同,抵御贫困风险的能力也存在较大差异,贫困现象在不同人群中并非均等分布。为了明晰具有不同特征留守老人的收入贫困情况,反映不同留守老人之间的收入贫困差异,我们分别从性别、年龄、健康状况、文化程度和婚姻状况五个方面来考察不同特征的留守老人的贫困率及他们之间的差异。从表6-3的统计结果可以看出,不同社会人口学特征的留守老人之间的贫困差异比较大。这可能是农村留守老人的自我劳动收入仍构成其重要收入来源的缘故,因为高龄且健康状况较差、文化程度较低的留守老人通过自身获取收入的能力要低得多,因此收入贫困率自然也高得多。

从性别差异来看,女性留守老人比男性留守老人的收入贫困率高8.4个百分点,民族地区农村留守老人存在一定的贫困女性化趋势。在民族地区农村社会中,女性地位往往低于男性,且在劳动能力上女性往往也弱于男性,因为她们体力弱于男性,接受教育的机会也少于男性,最终形成留守老人中的贫困女性化特征。从年龄差异来看,越往高龄,留守老人的贫困率越高,特别是80岁及以上的高龄老人的收入贫困率高达56.2%,比中龄老人(70—79岁)的贫困率高21个百分点,说明留守老人中贫困的高龄化特征相当明显。从健康状况差异来看,身体健康状况"一般"和"健康"的留守老人的贫困率差异相对较小,仅相差不到4个百分点,但身体健康状况"较差"的留守老人的贫困率则高达42.0%,健康状况较差的留守老人更容易陷入贫困之中。因为子女外出后,留守老人获得子女的支持减少,更多依靠自我劳动,健康状况是影响劳动能力进而影响其获取收入的重要因

素。从文化程度差异来看，文化程度越低的留守老人，贫困率越高。但出现一个异常值，即高中文化程度留守老人的贫困率高于初中文化程度留守老人的贫困率，这在理论常识上无法得到解释。通过查看样本数据库得知，高中文化程度的留守老人仅有15个样本，大专及以上文化程度仅有10个样本，因此这两类留守老人的相关统计容易出现异常值，其统计结果并不准确。从是否有配偶的角度来看，无配偶留守老人比有配偶留守老人的贫困率高出近14个百分点。有配偶的留守老人能够分工协作，获取收入比单身老人相对容易，且老两口一起生活比单身生活更加节约成本，即使分开居住，也能够相互有个照应，因此有配偶的留守老人比无配偶的留守老人贫困率低得多。

表6－3　　　　　　　　　　留守老人的收入贫困差异　　　　　　　单位:%

类别	组别	贫困率	类别	组别	贫困率
性别	男	27.5	文化程度	文盲	35.7
	女	35.9		小学	29.7
年龄	60—69岁	24.5		初中	18.9
	70—79岁	35.2		高中	20.0
	80岁及以上	56.2		大专及以上	0.0
健康状况	健康	24.8	婚姻状况	有配偶	25.9
	一般	28.3		无配偶	39.8
	较差	42.0			

（二）多维贫困状况

1. 多维贫困程度

多维贫困一般是指贫困者在多个导致贫困的重要方面遭受剥夺的情况。多维贫困测量方法是选取多个导致贫困的福利指标作为多维贫困测量的维度，每个维度均设立临界值，假如某个个体在该维度的福利指标水平低于这一临界值，则表示该个体在此维度上受到了剥夺。具体选择哪些维度进行测量，要视研究目标、研究对象、数据可获得性等情况而定，一般包括收入、健康、教育、住房等几个重要维度，但往往由于各种原因而忽略了其他一些重要维度。如阿尔基尔等（Alkire，2010）认为，安全、主体性与赋权、主观福祉等也是重要的贫困测量维度，是以往多维贫困度量研究所忽略的，而这些维度的改善对于提高健康、教育、收入等发展维度具有重要的工具性价值，而且它们本身也是人类福祉的重要组成部分。① 本研究结合农村留守老人的具体特征，确定用收入、健康、住房、社会关系、主体性与赋权、安全、休闲娱乐和主观福祉八个维度来测量留守老人的多维贫困状况。

在具体测量方法上，荷兰经济学家奥迪·海根纲斯和克拉斯·德沃归纳总结了贫困程度测量的三种方法：①低于一个客观确定的绝对最小值，这是绝对贫困概念，一般从客观角度进行测量；②低于社会中的其他一些人，这属于相对贫困测量法，可以从客观角度，也可以从主观角度测量；③自我感觉生活需要不足，这属于主观贫困测量法，可以同时反映绝对贫困或相对贫困概念，或二者兼而有之的贫困状态。② 这里为了避免与上文的客观收入指标重复，采用第三种方法即自我评价法对留守老人贫困状况进行多维度测量。其中收入维度采用留守老人主观评价的自身收入状况而不是客观收入来表示，主观收入维度包括留守老人同周围相似个体比较得到的其自身收入所处的层级和收入稳定性两个指标。其他七个维度也采用主观评价方法确定得分情况，最后根据得分确定各个维度的贫困临界值，当某个留守老人在该维度的得分低于临界值时，便被认为在该维度是贫困的，反之则为非贫困，并依此逐步计算各个维度的贫困状况。值得一提的是，通过这种方式获得的信息带有较大的主观性，个体在陈述自我感觉贫困与否的过程中，未免会受到周围环境的影响，可能存在信度较低的缺

---

① 萨比娜·阿尔基尔等：《贫困的缺失维度》，刘民权、韩华为译，科学出版社2010年版，第8—11页。

② 林闽钢：《国外关于贫困程度测量的研究综述》，《经济学动态》1994年第7期，第74—76页。

陷。① 但这种测量方法弥补了以往仅注重客观测量的不足，能够从留守老人自身评价来考察他们的多维贫困状况，也更有利于从不同的视角来看待多维贫困问题。

多维贫困测量的难点是在具体测量上如何对多维贫困状况进行加总的问题。对于该问题，Duclos 等（2005）提出了交叉方法与合并方法两种：合并方法是只要某人的某一测量项位于门槛值以下，就认为他是贫困的；交叉方法则只有当所有测量项同时位于门槛值以下，才认为他是贫困的。② 但由于他们用来测量多维贫困的维度仅包括收入和身高（表征健康状况）两个维度，因而无论采用交叉方法还是合并方法，对测量结果的影响都不是很大，测量结果差异也可能较为有限。但如果采用超过两个维度的多个维度来进行测量，那么可能两种方法都不太适合，如果采用合并方法，那么可能会导致贫困率非常高，因为大多数人可能都存在某个维度的贫困问题。如果采用交叉方法，则贫困率可能会非常低，因为某个人在所有维度都处于贫困状态的可能性不大。鉴于此，本研究采用折中办法，凡是在八个维度中的任何两个维度及以上处于贫困状况的，就认为该个案属于多维贫困，所有多维贫困留守老人个案加总占总样本的比重，就是多维贫困率，即留守老人的多维贫困综合指数。

从表 6-4 的测量结果来看，西南三省民族地区留守老人的多维贫困综合指数（贫困率）为 41.2%，刚好比收入贫困率（31.2%）高 10 个百分点。表明多维贫困的贫困面比收入贫困要广，多维贫困人数多于收入贫困人数。因此，仅仅关注留守老人的收入贫困是不全面的，收入贫困率不能反映留守老人的贫困全貌。如果从减贫政策制定的视角而言，仅仅关注收入贫困现象，势必导致减贫政策不能关照全部贫困人口，出现贫困人口被政策遗漏的情况。进一步的

---

① 张全红、周强：《多维贫困测量及述评》，《经济与管理》2014 年第 1 期，第 24—31 页。

② Jean – Yves Duclos, David Sahn and Stephen D. Younger, "Robust Multidimensional Spatial Poverty Comparisons in Ghana, Madagascar, and Uganda", *Cahiers De Recherche*, Vol. 20, No. 1, pp. 91 –113.

分析还发现，多维贫困留守老人个案涵盖了其（客观）收入贫困个案的 53.5%，这表明收入贫困的留守老人中，有一半多同时还承受了其他维度的贫困，这些留守老人不仅遭遇经济贫困，而且还遭遇非经济贫困，说明留守老人的贫困强度较大。就此而言，如果减贫政策仅仅强调减少收入贫困现象，那么其他维度的贫困事实上仍然得不到解决，许多留守老人可能收入达到了贫困线以上，但由于其他维度的贫困没有得到解决，从而仍然处于贫困状态或出现返贫的现象。

表 6 - 4 　　　　　　　　留守老人的多维贫困状况 　　　　　　单位:%

维度	贫困率
综合贫困指数	41.2
主观收入	29.7
健康状况	12.7
住房状况	25.4
社会关系	11.1
主体性与赋权	18.8
安全状况	18.7
休闲娱乐	26.8
主观福祉	23.6

从多维贫困中各个维度的贫困率来看，主观收入的贫困率是最高的，达 29.7%，即将近三成的留守老人主观上认为他们的收入处于贫困状况，这一占比略低于客观贫困率，这可能是由于主观收入是与周围的农村老人相比，而农村老人的收入普遍不高，导致留守老人自评为主观收入贫困的人数不多，而且，大多数留守老人仍能下地干活（70.1%），表明他们仍能从自己劳动中赚取一定收入，因而留守老人自评的收入稳定性也不算差。两方面相结合，最终导致留守老人主观收入贫困率略低于客观收入贫困率。留守老人的休闲娱乐、住房状况、主观福祉、主体性与赋权、安全状况五个维度的贫困率也较高，

特别是休闲娱乐方面，由于许多农村留守老人承担着田间劳作、家务劳动，还要照顾孙辈，休闲娱乐的时间较少，另外，农村针对老年人的休闲娱乐方式和活动较少，也是留守老人感觉休闲娱乐存在困难的重要原因。住房方面，留守老人自认为处于贫困状况的占比较高，一方面说明农村住房确实需要改善，另一方面在调查中也有不少留守老人反映，由于子女长期在外，房屋年久失修，从而出现漏雨漏风等情况也不少。统计数据显示，留守老人贫困率最低的是健康状况和社会关系方面，前者是因为留守老人的健康状况一般都好于非留守老人，因为子女在外出时间较长的情况下，往往最先考虑的是留守老人的身体健康状况，如果在外出前，老人身体健康状况较差，则子女会考虑选择不外出，因此老人的身体健康状况是影响子女外出决策的重要因素，最后往往就是比较健康的老人更容易成为留守老人。对于社会关系贫困率较低的情况，主要是因为子女外出后，留守老人往往成为整个家庭社会关系的维持者，他们必须替代外出子女去参加亲戚朋友的婚丧嫁娶等各种酒席，特别是许多子女常年在外，但他们亲戚关系仍在原籍，他们家里的红白喜事只能回到原籍举办，收礼之后又外出，而留守老人往往要在家帮他们还礼，被动参加各种酒席，维系家庭社会关系。因此，从数据可以反映出来，留守老人的社会关系贫困率就比较低。

2. 多维贫困差异

多维贫困综合指数根据各个维度加总构成，确定贫困阈值，再按照阈值划分贫困与非贫困留守老人。为了明晰存在多维贫困的留守老人在各个不同社会人口学特征上的差异，我们将多维贫困与性别、年龄、健康、文化程度和婚姻状况进行交叉分析，交叉分析结果见表6-5。总体来看，在不同社会人口学特征上，留守老人的多维贫困差异与收入贫困差异大体方向是一致的，比如女性比男性更容易贫困，高龄且健康状况较差比低龄且健康状况较好的留守老人更容易陷入贫困等，但多维贫困率普遍高于收入贫困率，且在具体差异上存在一定差别。

表6-5　　　　　　　　留守老人的多维贫困差异　　　　　　单位:%

类别	组别	贫困率	类别	组别	贫困率
性别	男	38.9	文化程度	文盲	48.4
	女	44.1		小学	33.7
年龄	60—69岁	37.8		初中	30.0
	70—79岁	44.0		高中	33.3
	80岁及以上	51.1	婚姻状况	大专及以上	40.0
健康状况	健康	31.5		有配偶	36.5
	一般	34.3		无配偶	48.4
	较差	60.5			

从具体统计数据来看，多维贫困与收入贫困相比，比较明显的差异是不同性别、年龄、婚姻状况的留守老人之间的多维贫困率差异程度缩小了，但在不同健康状况和文化程度中，多维贫困率差异扩大了。从多维贫困率普遍比收入贫困率高，且不同特征的留守老人的多维贫困率差异缩小这个现象来看，许多留守老人即使没有陷入收入贫困，但实际也在承受其他维度的贫困。因此，仅从收入贫困来进行测量，往往忽略了一些贫困老人。从健康状况差异来看，身体健康状况"较差"的留守老人比健康状况"一般"的多维贫困率高26.2个百分点，而在收入贫困率中，这一差异只有13.7个百分点。从文化程度差异来看，文盲比小学文化程度的多维贫困率高14.7个百分点，而在收入贫困中，这一差异仅为6个百分点。这一方面表明健康状况较差和文化程度低的留守老人更容易陷入多维贫困；另一方面表明健康和教育确实是导致多维贫困的两个重要因素。这一点与国内外其他研究者的研究结论基本一致，这也是大多数研究者在测量多维贫困时，均把健康和教育作为重要的测量指标的原因。

第七章　留守老人社会保障的减贫效果

社会保障制度的产生和发展与贫困原因联系紧密，社会保障实际就是为了弥补个人、家庭、邻里、社区等保障能力之不足而产生的，是以政府为主导，在全社会范围内调配资源，为遭遇困难的个人和家庭提供维持基本生活的制度性保障。但社会保障制度能够发挥多大的减贫作用，与其制度设计和执行情况有关，而实际减贫效果则高度依赖三个方面：一是覆盖面；二是保障水平；三是瞄准精度。这三者是相互关联的，社会保障的覆盖面广、保障水平高、瞄准精度好，则其减贫效果就好；相反，覆盖面窄、保障水平低、瞄准精度差，则减贫效果就差。如果覆盖面广，但保障水平较低，减贫效果也会大打折扣；如果保障水平高，但瞄准精度较差，则会出现许多应保未保的情况。因此，覆盖面、保障水平和瞄准精度三者要紧密结合，才能使社会保障达到更好的减贫效果，三者缺一不可。

一　减贫效果指标

社会保障转移支付能够增加贫困人口的收入，但贫困人口的收入增加是否能够让其脱离贫困状况，使得贫困人口的总收入高于贫困线，脱贫的人口占多少比例，即如何度量社会保障的减贫效果，是各国实施社会保障转移支付后普遍关注的问题。因此，只有构建相关量化指标对社会保障的减贫效果进行准确测量，才能对社会保障的实施效果进行客观评估。从理论上来讲，常见的社会保障减贫效果测量指标有以下四种：

一是使用贫困率下降程度来度量减贫效果，即用社会保障转移支付前总人口贫困率减去社会保障转移支付后总人口贫困率得到的百分比来表示社会保障的减贫效果。这一指标反映了社会保障转移支付使得总人口贫困率下降的程度，如美国 2010 年社会保障转移支付前贫困率为 28.4%，转移支付后贫困率为 17.4%，那么美国社会保障的减贫效果就是 11.0%。德国 2010 年社会保障转移支付前贫困率为 32.1%，转移支付后贫困率为 8.5%，那么德国社会保障的减贫效果就是 23.6%。① 显然，德国社会保障的减贫效果比美国显著，因为德国社会保障转移支付使得其贫困率下降的幅度大于美国，这是因为德国社会保障的覆盖面比美国广。但这一测量指标与具体减贫人数和贫困人口总数无关，也与获得社会保障的人口总数无关，无法反映社会保障的瞄准精度，这一指标相对适合社会保障较完善、覆盖面较广、保障水平较高的经济发达国家。

二是用减贫人口与社会保障转移支付前贫困人口的比率，即用社会保障转移支付减少的贫困人口除以转移支付前的贫困人口的百分比来表示社会保障的减贫效果。这是比较直接地衡量社会保障减贫效果的指标。由于这一指标着重关注贫困人口减少情况，一定程度上反映了社会保障水平的高低，也反映了社会保障对贫困人口的瞄准精度，但却忽略了社会保障对非贫困人口的覆盖率，因此，这一指标高估了社会保障的减贫效果。比如一个以社会救助为主的国家，只要社会救助的瞄准精度较高，则减贫效果就强，但却忽视了社会保障对非贫困人口，特别是收入较低的非贫困人口的保护作用。这种社会保障制度结构可能有利于实现短期减贫目标，但不利于社会保障发挥长期的减贫作用，因此，从理论上来说，这一指标仅适合衡量社会保障覆盖面较窄的情况。本研究考虑到民族地区社会保障的不完善性，着重利用这一指标来进行测量分析。

三是用减贫人口与获得社会保障转移支付人口的比率，即用因获得社会保障转移支付而减贫的人口除以获得社会保障转移支付总人口

---

① 贫困率来自 OECD 统计数据库，http://stats.oecd.org/index.aspx。

得到的百分比来表示社会保障的减贫效果。由于这一指标同时关注贫困人口与获得社会保障转移支付人口，直接反映了社会保障对贫困人口的瞄准精度和保障水平，如果这一比率较高，说明社会保障对贫困人口的瞄准精度较高，且保障水平足以使贫困人口摆脱贫困状况，达到减贫的目的。如果这一比率较低，则表明社会保障更多支付给了非贫困人口，导致保障对象瞄偏，减贫效果较差。这一指标的弊端在于忽略了社会保障对总人口的覆盖情况，但由于考虑了社会保障对贫困人口和非贫困人口的覆盖状况，因而理论上是较为合理的衡量指标。但由于当前民族地区农村社会保障的保障水平仍然较低，瞄准精度不高，所以计算出来的比率不会高。

四是用减贫人口占总人口的比率，即用减贫人口除以总人口得到的百分比来表示社会保障的减贫效果。这一指标看重减贫人口数量及在总人口中的占比，一定程度上反映了社会保障的瞄准精度和保障水平，但由于没有考虑社会保障的覆盖面，往往会低估社会保障的减贫作用，特别是在社会保障覆盖面较窄的情况下，许多人口得不到社会保障转移支付，但却被当作分母进行计算，从而低估了社会保障的实际减贫效果。但这一指标也有其合理之处，毕竟所谓的减贫，是针对总人口中的贫困人口而言的。

总之，上述四个减贫效果测量指标均有一定合理性，至于采用哪种指标来衡量，则可以根据研究者的研究目的进行选择。民族地区农村社会保障制度仍不完善，保障制度和保障项目碎片化，处于覆盖面不断扩大、保障水平不断提高的过程中，因此有必要从多个角度对其减贫效果进行度量。下文我们将四个指标都计算出来，以进行比较。

二　减贫效果度量

社会保障的减贫效果取决于其覆盖面、保障水平和瞄准精度。社会保障的覆盖面越广，被覆盖的人口越多，尤其是在更多的贫困人口被纳入保障范围的情况下，社会保障的减贫效果越好。社会保障的保障水平越高，保障对象获得转移支付越多，贫困人口减贫的可能性越高。社会保障对贫困人口的瞄准精度越高，贫困人口越容易脱贫，且减少社会保障资源的浪费，在社会保障覆盖面较窄的情况下，瞄准精度在很大程度上决定了社会保障的减贫效果。

就四川、贵州、云南三省民族地区农村社会保障对农村留守老人的覆盖面、保障水平和瞄准精度而言，统计结果显示民族地区农村社会保障的总覆盖率为86.2%，其中，新农保覆盖率为68.0%，新农合为81.3%，农村低保为45.2%，其余保障项目（包括扶贫项目、灾害救助、高龄补贴等）的覆盖率均未达到5%。就总保障水平而言，每人每年平均获得的所有社会保障项目支付总额为1040元，每月仅为86.7元，不足100元。其中保障水平每年在501—1000元的留守老人占多数，比重达53.5%，保障水平在1001元及以上的占36.0%，而保障水平在500元及以下的仅占10.5%。从瞄准精度的角度来看，民族地区农村留守老人在社会保障转移支付前，有423例为贫困老人，其中383例获得社会保障转移支付，即民族地区农村社会保障对贫困留守老人的瞄准精度能够达到90.5%，说明社会保障瞄准了绝大部分农村贫困留守老人，瞄准精度较高。下面我们来看使用各种测量指标来衡量的社会保障的减贫效果。

第一，使用留守老人贫困率的下降程度来度量减贫效果。本次调查留守老人总样本为884例，其中社会保障转移支付前，农村贫困留守老人样本为423例，占总样本的47.9%，即社会保障转移支付前留守老人的贫困率为47.9%；社会保障转移支付后，贫困留守老人样本为276例，占总样本的31.2%，即社会保障转移支付后留守老人的贫困率为31.2%。社会保障转移支付使三省民族地区农村留守老人的贫困率下降16.7%（通过社会保障转移支付前的贫困率47.9%减去社会保障转移支付后的贫困率31.2%所得），即用贫困率下降程度指标来测量得到的社会保障的减贫效果为16.7%。

第二，用减贫留守老人与社会保障转移支付前贫困留守老人的比率来衡量减贫效果，如表7-1所示，社会保障转移支付使得川、滇、黔民族地区农村留守老人的贫困人口减少147人，减贫人数占转移支付前贫困人口（423 人）的比重为 34.7%，即社会保障对农村留守老人的减贫效果为 34.7%。同时我们可以看出，获得社会保障支付但未能减贫的人数占社会保障转移支付前贫困留守老人的比重为 55.8%，而未获得社会保障支付的贫困留守老人仅为 9.5%。这说明绝大多数贫困留守老人获得了社会保障支付，但只有一部分贫困留守老人脱贫，还有少部分留守老人未能脱贫，原因在于当前民族地区农村社会保障的支付水平仍然较低，使得社会保障的减贫作用没有充分发挥出来。结合表 7-2 可以清楚地看出，在按年计算的社会保障支付中，随着支付水平的提高，减贫人数和比重也大幅度增加。如在每年获得 500 元及以下的贫困人口中，仅有 6 人能够脱贫，仅占减贫留守老人总数的 4.1%；当支付水平提高到每年 501—1000 元时，能够脱贫的留守老人数量增加到 36 人，占减贫留守老人总数的 24.5%；而当支付水平进一步提高到每年 1001 元及以上时，减贫人数迅速增加到 105 人，占减贫留守老人总数的比例也达到 71.4%。随着社会保障水平的提高，减贫效果明显得到增强。因此，保障水平是影响留守老人减贫的重要因素。

第三，用减贫留守老人与获得社会保障转移支付的留守老人的比率来度量减贫效果，表 7-1 数据表明，减贫留守老人占社会保障转移支付前贫困留守老人的比重为 19.3%，即用这一指标测量的民族地区农村社会保障对留守老人的减贫效果达到 19.3%。这一指标度量结果表明，当前三省民族地区社会保障对留守老人的减贫作用并不强，原因在于三省农村社会保障对贫困留守老人的覆盖率不高。根据表 7-1 计算，社会保障对贫困留守老人的覆盖率仅为 50.3%，对非贫困人口的覆盖率为 49.7%，几乎各占一半。也就是说，目前民族地区社会养老保障有将近一半支付给了非贫困留守老人，在社会保障资金投入较为有限的情况下，特别是农村低保，如果支付给非贫困留守老人，则意味着低保资金的无效使用，这无疑削弱了社会保障的减贫效果。

第四，用减贫留守老人占留守老人总量的比率来度量社会保障的减贫效果，结果发现减贫留守老人占留守老人总量的比重仅为

16.6%。由于留守老人中有13.8%未获得社会保障支付，其中未获得社会保障支付的贫困留守老人占4.5%，也就是说，社会保障覆盖面未达到100%，使得部分留守老人未能获得社会保障支付，同时由于社会保障的支付水平不高，获得社会保障支付而未脱贫的留守老人占比高达26.7%，加上社会保障瞄准精度不高，有42.9%的非贫困留守老人获得了社会保障支付，最终导致社会保障的减贫效果不强，减贫作用未能得到充分发挥。

表7-1　　　　　　　社会保障减贫效果各个指标统计情况　　　　单位：人、%

组别	人数	占社会保障转移支付前贫困留守老人的比重	占获得社会保障留守老人比重	占总样本比重
获得社保并脱贫人数	147	34.7	19.3	16.6
获得社保未脱贫人数	236	55.8	31.0	26.7
获得社保的非贫困人数	379		49.7	42.9
未获得社保的贫困人数	40	9.5		4.5
未获得社保的非贫困人数	82			9.3

　　就保障水平与留守老人减贫效果来看，虽然按年计算的结果是保障水平越高，减贫效果越好，但按月计算的结果却与前者稍有不同。表7-2显示，当保障水平逐步从每人每月55元及以下提高到200元时，减贫效果随着保障水平的提高而不断增强。但当保障水平达到每人每月201元及以上时，减贫效果反而出现下降。这一现象表明社会保障的保障水平在减贫上可能存在边际效用递减规则，即随着保障水平提高，减贫效果会不断增强，但当保障水平提高到一定程度后，减贫效果反而会出现下降的趋势。出现边际效用递减的原因是，随着保障水平逐步提高，越来越多的农村留守老人逐渐脱贫，当许多留守老人都脱贫以后，剩下的留守老人的脱贫难度较大，因为这些留守老人可能是身体残疾或其他原因导致收入过低而难以脱贫，最终使得社会保障水平的减贫效应下降。这表明要解决农村留守老人的贫困问题，不仅需要扩大社会保障的覆盖范围和提高保障水平，还需要提高社会

保障特别是针对特殊人群保障项目的瞄准精度，才能在不浪费社会保障资源的情况下，收到更好的减贫效果。由此可知，社会保障覆盖面、保障水平和瞄准精度在减贫方面是相互联系、共同配合的，忽略其中任何一个方面都可能导致社会保障的减贫效果大打折扣。

表 7 – 2　　　　　　　　　　保障水平与减贫效果　　　　　　　　单位：人、%

类别	组别	减贫留守老人	占总减贫人数比重
按年计算	500 元及以下	6	4.1
	501—1000 元	36	24.5
	1001 元及以上	105	71.4
按月计算	55 元及以下	17	11.6
	56—100 元	36	24.4
	101—200 元	67	45.6
	201 元及以上	27	18.4

同时，我们还应该注意到，不同社会保障项目针对的保障对象不同，其减贫效果也存在较大差异。总的来看，农村三项主要社会保障项目在减贫效果方面占主导地位，其他保障项目能够发挥的减贫作用较小。表 7 – 3 的统计结果显示，三项社会保障项目中，新农保的减贫效果最好，因获得新农保补助而脱贫的占总脱贫留守老人人数的61.8%。其次是新农合，因获得新农合补助而脱贫的占总脱贫留守老人人数的29.3%。三项主要农村社会保障项目中，减贫效果最差的是农村低保，因受益农村低保而脱贫的仅占脱贫留守老人总数的7.5%。这一结果与人们的平时经验所得不太一致，也与其他一些研究结果存在一定分歧。

表 7 – 3　　　　　不同社会保障项目的减贫效果比较　　　　　单位：人、%

保障项目	减贫人数	占脱贫人口比重
新农保减贫效果	91	61.8
新农合减贫效果	43	29.3

续表

保障项目	减贫人数	占脱贫人口比重
农村低保减贫效果	11	7.5
其他保障项目减贫	2	1.4

人们的主观经验和以往一些研究成果告诉我们：农村低保是针对农村贫困人口的保障项目，制度目标定位于缓解和消除绝对贫困人口，属于选择性社会保障项目，主要针对那些没有能力参与市场竞争者和市场竞争的失败者，以确保他们能够生存下去或继续参与竞争。[①] 其给付方式坚持选择性原则，受益资格是"经证明的需要"，根据公民个人的收入和生活状况决定是否给予其特定的救助。因此，在社会保障资源有限，农村社会保障项目不健全的情况下，农村低保的减贫效果应该最好，同时也不会造成社会保障资源的浪费。因为"补缺型"模式直接把有限的福利资源导向最需要的人群，能够把社会保障支出集中在那些收入来源最少的群体身上，从而可以更好地通过社会再分配帮助低收入群体，因而符合建立社会保障制度的初衷，是一种更为有效的社会保障项目。这种观点还认为把钱花在富人身上简直就是浪费资源，因为富人得到的福利越多，穷人得到的福利就会越少，福利制度的再分配功能就越弱。[②] 在社会保障资源有限的情况下，如果实行普惠制，那么资源就会被富人挤占，导致穷人受益不足。因此，从经验判断，农村低保确实应该能使更多的贫困留守老人脱贫。

然而，从一些实证研究结果来看，结论并非如此。2007 年 7 月 11 日，国务院发布《关于在全国建立农村最低生活保障制度的通知》（国发〔2007〕19 号），我国正式提出在全国范围内实施农村低保制度建设，社会保障建设实现了由"制度全覆盖"到"人群全覆盖"

---

① 李艳军、王瑜：《补缺型社会福利——中国社会福利制度改革的新选择》，《西安电子科技大学学报》（社会科学版）2007 年第 2 期，第 99—104 页。

② Robert E. Goodin and Julian Le Grand, *Not Only the Poor*, London：Allen & Unwin. 1987，p. 215.

的历史性跨越①，进入全面建设农村低保制度的新时期。四川、贵州、云南三省的农村低保制度也是在 2007 年全面建立起来的，且农村低保在救助思路上突破了原有的剩余型救助，逐渐向制度型救助模式转变。② 但我国农村低保在保障对象选择上仍然是选择式的，同时保障标准较低、覆盖面窄，再加上名额限制，致使未能将所有贫困者纳入保障范围，从而导致瞄准效率偏低。用来判断农民家庭收入核算方法的科学性、可操作性及其带有的歧视性往往遭受质疑，甚至在有的地方，农户收入并未成为判断低保户的标准，判断工具运用的随意性导致低保瞄准偏差和遗漏。③ 此外，农村低保的执行主体和目标对象的意识也会影响政策效果，从执行主体的角度出发，政策执行者的观念、责任意识、理解能力等都会对政策效果产生影响，如果引入执行者的私人利益因素进行分析，则低保资源往往会被基层干部当作提升个人权威的治理手段。④ 从目标对象或救助对象的视角来看，农民的公民权利意识、对政策的了解程度以及农户特征⑤等因素也会影响低保瞄准精度。如张伟宾（2010）利用重庆 W 县 2 个村的调查数据进行计算，得出农村低保瞄准偏误率为 35%；⑥ 韦璞（2012）对贵州 9 个村的调查显示偏误率为 34.35%。⑦ 因此，可以说农村低保覆盖面较窄、保障水平较低和瞄准精度较差几个方面对其减贫效果产生了负面影响，致使其减贫效果明显弱于新农保和新农合。

---

① 张时飞、唐均：《城乡最低生活保障制度：新台阶和新跨越》，http://www.93576.com/read/921a3761c6760.ff9f0064190.html。

② 谢东梅、郑传芳：《福建省农村最低生活保障制度运行机制分析》，《农业经济问题》2009 年第 4 期，第 43—49 页。

③ 李小云、董强等：《农村最低生活保障政策实施过程及瞄准分析》，《农业经济问题》（月刊）2006 年第 11 期，第 29—33 页。

④ 刘燕舞：《作为乡村治理手段的低保》，《华中科技大学学报》（社会科学版）2008 年第 1 期，第 117—120 页。

⑤ 邓大松、王增文：《"硬制度"与"软环境"下的农村低保对象的识别》，《中国人口科学》2008 年第 5 期，第 18—25 页。

⑥ 张伟宾：《贫困农村低保对象的瞄准与识别》，《科学对社会的影响》2010 年第 3 期，第 36—39 页。

⑦ 韦璞：《村落视域下低保对象瞄准偏差原因分析——基于贵州省 7 县 9 村调查资料》，《教育研究与实验》2012 年第 6 期，第 58—60 页。

在直接针对农村低保减贫效果的研究中也发现，多数研究对农村低保的减贫效应给予积极评价，认为农村低保在一定程度上能够发挥减贫作用，但在减贫作用大小上却存在分歧。其中，大部分研究结果表明农村低保的减贫效应并不理想。如徐月宾等（2007）利用调查数据进行多元 Probit 模型分析，对社会保障的减贫效果进行了定量考察，结果表明，农村社会救助的减贫效果非常有限，社会救助只降低了 10% 的贫困率。① 韩华为、徐月宾（2014）利用中西部五省大样本农户调查数据分析认为，尽管农村低保能够显著降低受保案例的贫困水平，但存在对总样本的减贫效果不太理想的情况。农村低保由于覆盖率低、瞄准偏误高，以及救助水平不足而严重限制了它的减贫效果。出现这些弊端的原因则包括地方财力不足、低保管理模式不当、农村配套社保政策不完善，以及家计调查中存在的测量误差等。② 宁亚芳（2014，2015）对西部民族地区农村低保的缓贫效应研究结果，在充分肯定农村低保制度在缓解贫困和收入不平等中均能发挥积极作用的同时，也认为农村低保的减贫作用较为有限，其缩小贫困差距的作用要大于降低贫困发生率的作用。而导致这一结果的原因在于农村低保制度在管理运行中存在着公平性不足等问题。③ 只有少数研究认为农村低保的实施能够实现其既定目标，减贫效果达到政策制度要求。如刘小珉（2015）研究认为，尽管农村低保制度也存在保障水平偏低以及所谓"人情保""腐败保"等问题，但其实施结果基本符合制度设计的初衷，在绝大多数情况下瞄准了需要救助的贫困群体，具有一定的反贫困效应，从而在一定程度上缩小了农村收入差距。可见，现有文献在肯定农村低保具有一定减贫作用的基础上，同时也指出农村低保政策及实施过程中存在的许多问题，大大削弱了其减贫效

---

① 徐月宾、刘凤芹、张秀兰：《中国农村反贫困政策的反思——从社会救助向社会保护转变》，《中国社会科学》2007 年第 3 期，第 40—53 页。

② 韩华为、徐月宾：《中国农村低保制度的反贫困效应研究——来自中西部五省的经验数据》，《经济评论》2014 年第 6 期，第 63—77 页。

③ 宁亚芳：《农村最低生活保障制度缓贫效应：来自西部民族地区的证据》，《贵州社会科学》2014 年第 11 期，第 164—168 页；宁亚芳：《民族地区农村最低生活保障制度缓贫效应分析——来自云南的证据》，《中州学刊》2015 年第 2 期，第 77—81 页。

果，这种结论与本研究结论是一致的，即农村低保的减贫效果不甚理想。

表 7 - 3 的统计数据显示，新农保的减贫效果最为明显。我国新农保正式全面实施的时间较晚，国务院决定"从 2009 年起开展新型农村社会养老保险试点"，由此开始了我国新农保工作的探索，四川、贵州、云南三省到 2012 年才全面铺开。起初，新农保对 60 岁及以上的农村老人设有"捆绑"条款，即子女必须参保，老人才能享受新农保补助，这对子女外出的留守老人极为不利。后来绝大多数地方废除了这一限制条款，新农保实际成为对农村老人具有普惠性的一项福利制度安排。在减贫效果上，也有一种观点认为普惠性保障项目的减贫作用更好。这是因为在发达国家，普惠性保障项目有助于团结工人阶层和中产阶层共同支持福利政策，而无须仅由穷人单独恪守福利政策，有助于增强社会团结而减弱社会对抗。[1] 保障福利政策的顺利实施是社会保障实现减贫的前提条件。此外，公平对待每个公民的福利权利具有减少社会分化、避免孤立贫穷阶层的作用；同时，增强社会团结，激发民间互济互助功能，争取各个社会阶层的支持，有利于福利制度建设和发展。普惠性社会保障项目的保障资金主要来源于一般税收，由于税收主要来源于富人的收入，比如个人所得税一般划定一条起征线或采取累进税率，收入达到这条起征线以上才交税。而累进税率制则使得收入越高交税越多，因此可以说富人交的税比穷人多。但在支付原则上却是对所有公民同等待遇。[2] 也就是说，收缴上来的钱主要来源于富人，而支付出去却是穷人和富人待遇一样。这就意味着穷人交的钱少，得到的钱多；而富人交的钱多，得到的钱少，通过转移支付实现了收入再分配功能，起到了减贫作用。

---

① Walter Korpi and Joakim Palme, "The Paradox of Redistribution and Strategies of Equality: Welfare State Institutions, Inequality, and Poverty in the Western Countries", *American Sociological Review*, Vol. 63, No. 5, 998, pp. 661 - 687.

② 普惠型模式的保障范围是社会全体成员，资格条件一般是公民身份。一些保障项目如（非缴费型）公共养老金还需要达到一定年龄和居住年限。普惠型模式的主要社保项目（基础养老金、医疗）不跟职业收入挂钩，不需要根据精算原则进行支付精算，也不需要对保障对象进行筛选，对全体公民采取同等待遇。

　　普惠性社会保障项目的优点是：保障范围包括全体社会成员，体现社会公平，容易获得各个社会阶层的支持；有助于增进社会团结，减少社会排斥；不需要进行严格的资格认定，减少了许多执行成本；等等。其缺点主要有：保障范围广，财政负担重；享受待遇不与贡献挂钩，容易养懒汉；对劳动力市场带来负激励，可能出现失业陷阱；等等。但就减贫作用而言，普惠性项目由于公平对待所有社会成员，政策容易推行，"人人有份"的支付方式不会出现漏保、错保的情况，因而也不会出现应保未保现象，减贫比较彻底。新农保由于几乎覆盖了农村所有留守老人，除了一些没有废除限制条款的地方，以及其他原因（如没有当地户口等）以外，大部分农村留守老人均享受新农保补助，虽然大多数地区的保障水平不高，但由于瞄准偏差较小，因而从民族地区的实践结果来看，新农保的减贫效果也是最好的，取得的减贫效果远远超出其他保障项目。

　　许多实证研究也证明了新农保具有显著的减贫效应，如邓大松等（2013）研究证明，对于领取阶段（60岁以上）的农民来说，新农保具有正的减贫效应，且新农保增收效果大于预期，但由于农村老年居民领取的养老金水平偏低，其减贫效应还十分有限。[①] 范辰辰、陈东（2014）的研究结果也表明，新农保能够显著降低农户贫困发生率，且对于农村老年人的减贫效果更为明显，但同时也认为新农保的保障水平较低，因而能够发挥的减贫效果仍然较为有限。[②] 薛惠元（2013）对广西和湖北的抽样调查研究也表明，新农保对农村老年人产生了积极的减贫效应，但由于新农保覆盖面不大，保障水平偏低，致使减贫效应还比较有限。[③] 由此可以看出，虽然上述研究文献没有具体测量新农保对农村老年人的减贫效果，但都建立相应分析模型确认了新农保确实对农村老年人产生积极的减贫效应，并认为由于保障

---

　　① 邓大松等：《中国社会保障改革与发展报告2012》，北京大学出版社2013年版。
　　② 范辰辰、陈东：《新型农村社会养老保险的减贫增收效应——基于"中国健康与营养追踪调查"的实证检验》，《求是学刊》2014年第6期，第62—70页。
　　③ 薛惠元：《新型农村社会养老保险减贫效应评估——基于对广西和湖北的抽样调研》，《现代经济探讨》2013年第3期，第11—15页。

水平较低和覆盖面较窄，致使新农保难以发挥更大的减贫作用。这与本研究结论也是一致的。

新农合是农村地区实行较早的社会保障项目，参保率也最高，但新农合的减贫效果却并不理想。这是因为新农合本质上将疾病视为贫困的一种风险，着重对疾病患者可能陷入贫困的预防。风险是一种可能发生的危险，危险就是不安全，遭到损失或失败的可能。风险是一个面向未来的可能性范畴，而不是一个事实性范畴。[①] 风险与危险、灾难相关联，但它本身并不是危险或灾难，它只是一种危险和灾难发生的可能性。[②] 只有当疾病风险发生时，新农合参保者才可能获得相应的保障待遇支付。从表7-3的统计结果来看，农村留守老人之所以有将近三成因新农合而减贫，重要的原因是农村留守老人本身是容易患病的弱势群体，且容易因为患病而陷入贫困。而新农合实际是对农村留守老人因患病而损失的收入进行补偿，在保障农村留守老人维持一定经济水平方面发挥重要作用，其重要的功能在于对因病致贫、因病返贫的留守老人进行收入补偿，避免其陷入贫困状态，因此新农合的减贫效果也较为显著。但由于这种经济补偿只能针对留守老人的疾病风险成为事实的情况，以及由此而引致收入减少的对象，所以其保护范围较为有限，对总人口或留守老人总体的减贫作用注定不会很强。

2002年10月，中共中央、国务院《关于进一步加强农村卫生工作的决定》明确提出："各级政府要积极组织引导农民建立以大病统筹为主的新型农村合作医疗制度，重点解决农民因患传染病、地方病等大病而出现的因病致贫、返贫问题。"可以看出，我国建立新农合制度的初衷和最直接、最主要的目标是解决农民"因病致贫、因病返贫"问题。因此，许多相关研究对新农合的减贫目标进行了评估，如齐良书（2011）的研究表明，新农合不仅能在农户层面上显著降低贫

---

① 刘岩、孙长智：《风险概念的历史考察与内涵解析》，《长春理工大学学报》（社会科学版）2007年第3期，第28—31页。

② 张文霞、赵延东：《风险社会：概念的提出及研究进展》，《科技与社会》2011年第2期，第53—63页。

困发生概率，而且能在省区层面上显著降低贫困率，且随着新农合覆盖面的扩大，农村贫困率进一步下降。新农合能够实现其制度设计的最初目标——解决农民"因病致贫、因病返贫"问题。[①] 李立清、危薇（2013）的研究结果也表明，新农合对农户收入具有显著的正面影响，使得参合农户的家庭人均收入平均增长了 8.94 个百分点，尽管新农合经常被指责保障力度过小、保障水平过低，但是这项制度还是显著地降低了农户贫困发生率。[②] 然而，由于新农合制度本身存在内生式缺陷——"逆向选择"问题，[③] 及其在参保模式、筹资水平、补偿模式、支付模式等方面的制度设计缺陷，降低了新农合的制度效果。[④] 因此，一些学者提出将新农合与医疗救助相结合，以便减少制度运行成本，同时提高对贫困人口的帮助，发挥更大的减贫效果。[⑤] 就新农合对留守老人减贫方面的研究目前还没有相关文献，颜媛媛等（2006）的研究，细心地观察到了新农合需要外出打工者回乡就诊，这一制度设计影响了外出打工者的参与积极性。这一点可能也会影响新农合的总体减贫效果，但是否由此影响到留守老人的实际参与，进而影响新农合对留守老人的减贫效果，却并没有涉述。[⑥] 尽管如此，我们还是可以看出当前新农合在减贫方面具有重要作用，但这一制度本身仍然存在许多问题，影响其减贫作用的发挥，因而本书结果显

[①] 齐良书：《新型农村合作医疗的减贫、增收和再分配效果研究》，《数量经济技术经济研究》2011 年第 8 期，第 35—52 页。

[②] 李立清、危薇：《新型农村合作医疗对农户减贫及增收的效果研究——基于双重差分法的分析》，《湘潭大学学报》（哲学社会科学版）2013 年第 4 期，第 11—15 页。

[③] 朱信凯、彭廷军：《新型农村合作医疗中的"逆向选择"问题：理论研究与实证分析》，《管理世界》2009 年第 1 期，第 79—88 页；李敏敏、蒋远胜：《新型农村合作医疗的逆向选择问题验证——基于四川样本的实证分析》，《人口与经济》2010 年第 1 期，第 56—61 页。

[④] 金彩红：《中国新型农村合作医疗制度设计缺陷的理论分析》，《上海经济研究》2006 年第 9 期，第 71—76 页。

[⑤] 农业部农业经济研究中心课题组：《新型农村合作医疗和特困人口医疗救助相结合的制度建设》，《中国人口科学》2007 年第 2 期，第 43—51 页；陈迎春、徐锡武等：《新型农村合作医疗减缓"因病致贫"效果测量》，《中国卫生经济》2005 年第 8 期，第 26—28 页。

[⑥] 颜媛媛、张林秀、罗斯高、王红：《新型农村合作医疗的实施效果分析——来自中国 5 省 101 个村的实证研究》，《中国农村经济》2006 年第 5 期，第 64—71 页。

示，新农合对留守老人的减贫效果不如新农保，但超过了直接针对贫困人群的农村低保。

总而言之，通过比较农村三个主要社会保障项目的减贫效果发现，新农保由于覆盖面逐步扩大，特别是公平对待所有农村老人，能够瞄准贫困留守老人，尽管保障水平仍然较低，但减贫效果最好。新农合尽管覆盖面很广，但由于仅针对疾病风险预防，对非疾病陷入贫困的留守老人无能为力，注定其减贫效果存在一定局限。农村低保由于覆盖面较窄，瞄准精度较差，保障水平也不高，致使其减贫效果占农村社会保障总的减贫效果的比重还不到1/10。这一研究结论与王德文的研究结论一致，他认为养老保障对农村老年人的贫困削减有显著作用，但医疗保障和社会救助的影响并不显著。① 因此，从加强农村社会保障减贫效果的角度出发，未来社会保障改革重点应该是逐步提高新农保的保障水平，确保对农村老人的全覆盖；严格农村低保的执行过程，防止漏保错保的情况，提高瞄准精度。

三 减贫效果推测

我国要在2020年全面建成小康社会，必然要依靠社会保障在减贫方面发挥重要作用，提高社会保障的减贫效果。而要充分发挥社会保障的减贫作用和达到最大的减贫效果，需要明确社会保障在减贫方面的约束因素，以及哪个因素或条件对提高社会保障的减贫作用影响最大，以便寻求相应对策。从上文的分析可知，覆盖面、保障水平和瞄准精度都是制约社会保障发挥减贫作用的重要因素和条件，但不知道哪个因素的影响作用最大，或改善哪个条件，能够使得社会保障的减贫效果更加明显。因此，下文我们假定在逐步放宽上述三个制约条件的情况下，分别看看它们所能取得的减贫效果，并进行比较，弄清

① 王德文：《中国老年收入、贫困与养老保障问题研究》，http：//iple. cass. cn/news/479208. htm。

楚它们对提高社会保障减贫效果的差异，以便在改革和完善社会保障
制度方面提供参考。

表7-4　　　　农村社会保障覆盖面与瞄准精度变化
引起的减贫效果变化推测　　　　　　单位:%

		覆盖面		
		当前86.2	提高到90	提高到100
瞄准精度	当前90.5	34.7	36.4	40.4
	提高到100	38.3	39.9	44.4

表7-4为农村社会保障覆盖面与瞄准精度变化引起的减贫效果
变化推测（假定现有保障水平不变）。覆盖面是指所有社会保障项目
总和对所有留守老人的覆盖，本次调查达到86.2%；瞄准精度是获得
社会保障支付的贫困留守老人占社会保障转移支付前贫困留守老人总
数的比重。获得社会保障支付的贫困留守老人有383例，社会保障转
移支付前的贫困老人总数为423例，因此瞄准精度为90.5%。因社会
保障支付而减贫的留守老人仅147例，仅占获得社会保障总人数
（762例）的34.7%，即在保持现有保障水平不变，而覆盖面为
86.2%，瞄准精度为90.5%的情况下，农村社会保障的总体减贫效果
为34.7%。之后，条件开始放松，保障水平继续保持不变，在覆盖面
扩大到90%，而瞄准精度不变的情况下，减贫效果提高到36.4%，
覆盖面进一步扩大到100%的情况下，减贫效果达到40.4%。同样
地，当覆盖面保持86.2%不变，瞄准精度提高到100%的情况下，减
贫效果达到38.3%。而当覆盖面和瞄准精度同时提高到100%，保障
水平不变的情况下，减贫效果能达到44.4%。从扩大覆盖面和提高瞄
准精度相同比例来看，提高瞄准精度所增强的社会保障减贫效果要大
于扩大覆盖面的作用。

表 7-5　新农保的保障水平和覆盖面变化引起的减贫效果变化推测

单位:%

		新农保覆盖面			
		当前 68	提高到 80	提高到 90	提高到 100
新农保 保障水平	每月 60 元	24.9	29.3	32.9	36.7
	每月 100 元	44.1	51.8	58.4	64.9
	每月 150 元	63.6	74.8	84.1	93.4
	每月 200 元	71.2	80.0	90.0	100.0

　　表 7-5 为新农保的保障水平和覆盖面变化引起的减贫效果变化推测（假定瞄准精度不变）。这里我们以新农保为例，因为农村低保和新农合都是针对具体情况给予补助，不同受益人之间的保障水平不同，无法按照统一标准进行推算，因此以新农保作为分析对象比较合理。我们将新农保的保障标准分为每人每月 60 元、100 元、150 元和 200 元几个档次，覆盖面则从当前 68% 开始，逐步扩大到 80%、90% 和 100% 几个标准。从计算结果来看，有两个明显特征：一是覆盖面扩大能够取得的减贫效果，远远不如保障水平提高所取得的减贫效果。二是在保障水平较低的情况下，扩大覆盖面对减贫效果的提高帮助不大；而当保障水平提高之后，扩大覆盖面所引起的减贫效果提高较快。这两个方面都说明，提高保障水平比扩大覆盖面对增强社会保障的减贫效果作用更大。

表 7-6　新农保的保障水平和瞄准精度变化引起的减贫效果变化推测

单位:%

		新农保瞄准精度			
		当前 71.2	提高到 80	提高到 90	提高到 100
新农保 保障水平	每月 60 元	24.9	27.9	31.5	35.1
	每月 100 元	44.1	49.6	55.9	61.9
	每月 150 元	63.6	71.5	80.5	89.3
	每月 200 元	71.2	80.0	90.0	100.0

表7-6为新农保的保障水平和瞄准精度变化引起的减贫效果变化推测（假定覆盖面不变）。我们从中也可以看出，与表7-5统计结果一样，具有两个明显的特征，即保障水平的提高对减贫效果产生的正向影响，远远超出了瞄准精度提高所产生的影响；在保障水平不变的情况下，瞄准精度的提高所能提高的减贫效果较为有限，这是因为当前农村留守老人减贫主要依靠新农保，而新农保对贫困留守老人的瞄准精度已经很高，所以瞄准精度再提高所能取得的减贫效果呈递减趋势。而新农保的保障水平仍然较低，获得社会保障支付但仍未减贫的留守老人占社会保障支付前贫困留守老人比重高达55.8%，因此，提高保障水平的减贫效果强于提高瞄准精度的减贫效果。而当保障水平提高之后，随着瞄准精度的再提高，减贫效果变化加大。这说明提高保障水平比提高瞄准精度对增强社会保障的减贫效果作用更大。

通过对比表7-4、表7-5和表7-6的推测结果我们发现，提高社会保障水平，尤其是提高新农保的保障水平对增强农村社会保障的减贫效果帮助作用最大，其次是提高瞄准精度，最后是扩大覆盖面。通过扩大覆盖面和提高瞄准精度来增强社会保障的减贫效果，虽然也能够起到很大作用，但没有提高保障水平显著。因此，从提高减贫效果的角度出发，今后农村社会保障工作重心应该转移到如何提高社会保障水平尤其是提高新农保的支付水平上来，同时注意提高农村低保的瞄准精度，而不是一味强调扩大覆盖面，因为一些保障项目的覆盖面已经很高（如新农合覆盖面已经达到98%以上，扩大空间有限），从而使农村社会保障充分发挥减贫作用，取得更好的减贫效果。

第八章 留守老人减贫的制约因素

　　贫困问题涉及经济、社会、政治和文化等各个方面，老年人作为社会弱势群体，往往遭受的贫困问题更为严重，农村留守老人更是老年人中的弱势群体，更容易陷入贫困状态。明确制约留守老人减贫的各种因素是帮助其脱贫的关键。一般而言，收入贫困往往受到各种收入来源及其水平的影响，多维贫困的影响则更为复杂。其中个人、家庭因素是制约老年人减贫的重要影响因素。为了摸清民族地区农村留守老人的贫困状况，第六章用交叉表比较了不同特征留守老人的收入贫困和多维贫困差异，让我们知道了具有何种特征的留守老人更容易陷入贫困状态，哪些更容易减贫。但我们仍然无法知道在相同条件下，哪些因素使留守老人陷入贫困状况，或者反过来说，哪些因素能使留守老人脱离贫困状态。为此，我们分别建立回归模型，运用 Logistic 回归方法，对留守老人的致贫原因进行显著性检验分析，考察留守老人在收入贫困和多维贫困上的影响因素。

一　减少收入贫困的制约因素

　　国际上基本都将收入贫困作为减贫政策的主要依据，明确收入贫困的影响因素对于制定减贫政策至关重要。而且，足够的收入是老年人保障基本生活水准的前提，收入独立是老年人生活独立的关键。相反，收入不足则不仅使老年人的物质生活受到影响，其生活的其他方面也会受到影响。有研究者直接指出，经济贫困是其他类型贫困的根源，绝对经济贫困会影响到老年人主观和客观的生活质量、健康水平、心理满意度等各个方面。因此主张讨论老年人贫困问题时，应首先关注其绝对经济贫困状况。① 在农村收入来源渠道较少、收入普遍不高的现实情况下，农村老年人由于身体健康衰退、技能和知识老化，常常沦为贫困人口。

农村留守老人由于子女外出务工，一般认为增加了家庭收入，同时也提高了对留守老人的经济供养水平，因而留守老人的经济收入应该得到改善，而不是更加贫困。但也有研究认为，外出子女收入增加并不一定提高对留守老人的经济供养，一是子女对老人的经济供养与其孝心有直接关系，而与经济收入高低没有多大关联；二是子女本来增加的收入不多，因而对留守老人的收入提高帮助有限。尽管这一点仍然存在不小争议，但农村留守老人贫困发生率较高已是不争的事实。在农村，无论是留守老人还是非留守老人，其养老方式仍然以传统的家庭养老为主，传统的家庭养老严重依赖"子女养老保障条件"和"土地养老保障条件"两个方面。② 就子女养老保障条件而言，子女的经济条件与家庭居住安排对老年人的贫困状况影响较大，而子女的经济条件则受子女数量、性别、健康状况等方面的影响；居住方式是指老年人是否与子女共同居住，跟子女共居的老年人比跟子女分居的老年人贫困率低，因为共居子女可以随时接济老年人。就土地保障条件来说，对农村留守老人而言，子女外出无法耕种土地，老人收入来源较少，且在土地出租收益较小或没有收益的情况下，老人的身体健康状况决定了其自身能否耕种土地并从土地中获得收入。因此，子女经济支持，老人的性别、年龄、健康状况与劳动收入状况，家庭居住安排等因素都对留守老人贫困状况产生影响，换言之，这些因素都对留守老人的减贫情况具有一定制约作用。

相关研究也发现，老年人个人自身条件和家庭成员支持情况对老年人的贫困状况产生重要影响。如杨菊华和陈志华（2010）认为，家

---

① 杨菊华、陈志华：《老年绝对经济贫困的影响因素：一个定量和定性分析》，《人口研究》2010 年第 5 期，第 51—67 页。
② 王小龙、唐龙：《家庭养老、老年贫困与农村社会养老保险的角色定位》，《人文杂志》2012 年第 2 期，第 132—139 页。

庭形式和居住方式、子女数量和性别、老人的工作史等因素对其经济
贫困产生影响，同时还认为公共福利的有无对老人贫困状况的影响尤
为显著。[1] 张恺悌等（2004）的研究结果表明，居住方式对农村老年
人贫困率具有重要影响，独居和仅与配偶居住的老年人贫困率非常
高，与子女共同居住的贫困率较低，因此老年人与子女居住可能有降
低贫困风险的作用。[2] 王金营和杨茜（2014）利用河北省调查数据对
老年人家庭的致贫原因进行 Ordinal 回归分析发现，家庭成员的健康
状况、第一经济来源以及家庭规模等因素对贫困地区农村老年人家庭
的贫困—富裕度有显著影响。[3] 刘生龙和李军（2012）则认为，健康
首先影响老年人的劳动参与状况，进而影响其贫困状况，而且相对城
镇居民和农村青壮年居民而言，健康对农村老年居民贫困的影响更加
显著。[4] 这进一步证明现阶段农村老人对自身健康状况的依赖。可以
说，自然因素、个体因素、家庭因素以及各种经济、社会、文化因素
都会对老年人的贫困状况产生一定程度的影响，制约着老年人减贫。
但这种贫困更多着眼于多维贫困状况。就收入贫困而言，各种收入来
源的有无和个体因素对老年人的收入贫困影响更为直接，是制约农村
留守老人减少收入贫困的关键因素。

　　因此，本研究认为，老年人收入上是否贫困，主要取决于各种收
入来源的有无及其收入稳定性和收入水平高低，由于上文已经讨论了
收入稳定性和收入水平问题，在这里建立分析模型时，我们仅将收入
来源的有无纳入分析范畴。关键原因还在于，排除掉其他因素的干
扰，仅仅从各种收入来源的有无来进行分析，使我们能够更清晰地比
较不同收入来源对留守老人减贫的重要性，特别是能够看出社会保障

---

① 杨菊华、陈志华：《老年绝对经济贫困的影响因素：一个定量和定性分析》，《人口研究》2010 年第 5 期，第 51—67 页。

② 张恺悌、孙陆军、苗文胜：《中国农村老年人的贫困问题》，《市场与人口分析》2004 年增刊，第 44—48 页。

③ 王金营、杨茜：《中国贫困地区农村老年人家庭贫困—富裕度研究》，《人口学刊》2014 年第 2 期，第 45—54 页。

④ 刘生龙、李军：《健康、劳动参与及中国农村老年贫困》，《中国农村经济》2012 年第 1 期，第 56—68 页。

在减缓留守老人贫困方面的作用，而这一点正是本书所要达到的目的之一。对于农村老年人收入来源的划分，王琳和邬沧萍（2006）将其主要区分为两个部分：老年人自身经济收入和外部经济支持。① 这种划分能够简单明了地表明农村老年人对外部的经济依赖程度，但过于粗略，无法反映不同收入来源对老年人贫困状况的影响。由于近年来农村社会保障的迅速发展，社会保障待遇支付对农村老人经济生活帮助越来越大，这种划分无法弄清楚农村社会保障对留守老人的保障作用大小。因此，这里将留守老人收入来源区分为子女经济支持、自我劳动收入、社会保障收入和其他收入，并着重考察这几个收入类别的有无对留守老人收入贫困状况的影响。

就模型变量设置而言，留守老人的贫困状况是因变量（被解释变量），因变量的取值范围只有 0 和 1，即因变量为"是否贫困"，是一个二分变量，采用客观收入指标进行衡量，当留守老人的年收入总计不足 2300 元时，便被定义为贫困，而年收入达到和超出 2300 元则被视为非贫困。贫困编码为 1，非贫困编码为 0。根据因变量数据特征，我们考虑选择一个概率模型，随着自变量变化，老年人贫困概率也发生变化，但概率的值永远不会小于 0 和大于 1。这样，因变量取值为二分变量的 Logistic 回归分析模型符合数据特征要求。因变量为二分变量，自变量既可以是分类变量，也可以是连续变量。自变量主要是上文划分的各种收入来源变量和留守老人的主要社会人口学特征，如性别、年龄、婚姻状况等特征，这些特征对留守老人的减贫产生重要影响。特别要提到的是，留守老人与非留守老人在收入来源上的最大区别就是外出子女是否提供经济支持，如果外出子女能够提供经济支持，则留守老人更容易减贫，因为外出子女相对于未外出时的收入发生了变化，一般而言，外出子女只有在收入提高的情况下，才会为留守老人提供经济支持。但外出子女经济支持对留守老人的减贫产生重要影响，因而分析模型特别将"外出子女的经济支持"这一变量作为

---

① 王琳、邬沧萍：《聚焦中国农村老年人贫困化问题》，《社会主义研究》2006 年第 2 期，第 68—70 页。

自变量纳入分析框架。最后，根据自变量特征对自变量进行技术处理，本书中自变量多为分类变量，因此需要将各个自变量变为虚拟变量（见表8－1）。

表8－1　　　　　　　　　　　自变量变为虚拟变量的情况

类别	自变量	虚拟编码		
		（1）	（2）	（3）
性别	男	1		
	女	0		
年龄	60—69 岁	1	0	
	70—79 岁	0	1	
	80 岁及以上	0	0	
健康	不健康	1	0	
	一般	0	1	
	健康	0	0	
文化程度	文盲	1	0	0
	小学	0	1	0
	初中	0	0	1
	高中及以上	0	0	0
有无配偶	无	1		
	有	0		
子女经济支持	无	1		
	有	0		
自己劳动收入	无	1		
	有	0		
社会保障收入	无	1		
	有	0		
其他收入	无	1		
	有	0		
外出子女经济支持	无	1		
	有	0		

注：标为"0"的是参照类。

　　我们将表 8 - 1 的虚拟自变量全部纳入 Logistic 回归分析模型，得到表 8 - 2 的回归统计分析结果。该模型的 - 2LL 值是 983.317，说明回归分析方程选择合理，模型系数通过显著性检验，模型预测准确率为 72.2%。从回归分析结果来看，具有统计显著性的指标有年龄、健康、文化程度、自己劳动收入、外出子女经济支持五个变量，表明在其他变量不变的情况下，这五个变量对留守老人是否贫困具有显著的独立性影响。

表 8 - 2　　留守老人收入贫困制约因素的 Logistic
回归分析结果（N = 873）

自变量	系数 B	标准误差 S. E.	显著度 Sig.	发生比 Exp（B）
性别	- 0.186	0.163	0.255	0.830
60—69 岁			0.016	
70—79 岁	- 0.795	0.279	0.004	0.452
80 岁及以上	- 0.551	0.268	0.040	0.576
不健康			0.030	
一般	0.523	0.201	0.009	1.688
健康	0.190	0.193	0.332	1.209
文盲			0.073	
小学	1.380	0.649	0.034	3.976
初中	1.331	0.651	0.041	3.785
高中及以上	0.850	0.696	0.221	2.341
有无配偶	0.086	0.179	0.632	1.090
子女经济支持	0.166	0.232	0.474	1.181
自己劳动收入	0.986	0.173	0.000	2.682
社会保障收入	0.387	0.228	0.090	1.472
其他收入	0.080	0.170	0.638	1.083
外出子女经济支持	0.494	0.732	0.028	1.639
常数项	- 2.240		0.002	0.105
- 2LL	983.317			
df	14			

续表

自变量	系数 B	标准误差 S. E.	显著度 Sig.	发生比 Exp（B）
模型显著度	0.000			
模型卡方值	104.524			
预测准确率	72.2%			

从发生比高低即发生概率高低来看，留守老人的几个收入来源变量中，在控制其他变量不变的情况下，只有"自己劳动收入有无"变量对留守老人减贫产生显著性影响，其他收入来源变量均没有通过显著性检验。有自己劳动收入的留守老人在减贫概率上是无自己劳动收入的留守老人的2.7倍，也就是说，有自己劳动收入的留守老人更容易减贫，而没有自我劳动收入的留守老人更容易陷入贫困。这说明自己劳动收入的有无对留守老人是否贫困具有决定性影响。这一方面是因为子女经济支持、社会保障转移支付和其他收入较少，特别是子女外出后，其经济支持往往缺乏及时性，支付水平也不高，农村留守老人只能依靠自身劳动收入来弥补才能避免陷入贫困；另一方面是当前农村社会保障转移支付水平过低，加上其他收入来源渠道缺乏，土地收入仍然是留守老人的重要生活保障，而在子女外出的情况下，土地收入大多由留守老人通过自身劳动获取，因此，对于许多留守老人来说，自己劳动收入决定了其是否能够减贫。与此同时，模型分析结果还发现，"外出子女经济支持"变量对留守老人是否贫困的影响也较大，没有获得外出子女经济支持的留守老人陷入贫困的概率是获得外出子女经济支持的留守老人的1.6倍。在这一点上，未外出子女的经济支持可以视为留守老人的固定存量收入，不会随着外出子女经济支持的变化而变化。一般情况下，无论是否有子女外出，也无论留守老人的居住方式如何（特别是是否跟外出子女同住），未外出子女提供的这部分收入支持基本是固定的。但外出子女的经济支持则应该被视为不固定的增量收入，因为外出子女的收入相对其未外出时发生了变化，对留守老人的经济支持自然也发生了变化，如果外出子女能够增

加对留守老人的经济供养，那么留守老人就可能脱离贫困。因此，留守老人是否能够减贫受外出子女这部分增量收入支持的直接影响，即外出子女的经济支持成为影响留守老人贫困状况的重要变量。

此外，留守老人的社会人口学特征变量也对其减贫状况具有显著性影响。其中，文化程度变量对留守老人贫困的影响最大，但只有小学相对文盲、初中相对小学的文化程度在统计上具有显著性，高中及以上文化程度相对初中文化程度并没有通过显著性检验。从具体数据来看，留守老人为文盲的陷入贫困的概率是小学文化程度的近 4 倍，小学文化程度的陷入贫困的概率是初中文化程度的 3.8 倍，因此可以说留守老人的文化程度越高，贫困概率越小。文化程度高的留守老人，学习农业以外的技能的能力更强，收入渠道更多，即使同样从事农业获取收入，文化程度高的老人也能够获得更多收入，因此文化程度低是制约留守老人减贫的重要因素。回归分析结果显示，健康状况和年龄两变量也是影响留守老人减贫的重要因素，在数据统计上也通过了显著性检验。从健康状况来看，身体健康状况"较差"的留守老人比健康状况"一般"的留守老人陷入贫困的概率要高 1.7 倍，但在身体"健康"和身体"一般"的留守老人之间的统计不具有显著性。说明健康状况在一般水平以上，陷入贫困的概率存在的差别不大。健康状况对贫困状况具有重要影响的主要原因是大多数留守老人需要从土地获取收入，健康状况直接影响留守老人的劳动能力，进而影响其从土地获取收入的能力。当然，从社会交换理论视角出发，留守老人身体健康才能帮助子女照顾孙辈或从事其他劳动，以此换取子女的经济支持，从而实现脱贫。无论是留守老人自己从土地获取收入，还是通过从事其他劳动来换取子女的经济支持，身体健康都是留守老人减贫的重要条件，健康状况对留守老人减贫具有重要作用，而身体不健康则制约留守老人减贫。从年龄来看，年龄越大越容易陷入贫困，中龄老人比低龄老人陷入贫困的概率高 54.8%（系数为负，用 100% － 45.2% 表示，下同），高龄老人比中龄老人陷入贫困的概率高 42.4%。年龄因素不但决定留守老人的身体状况，进而决定其通过自身劳动获取收入的能力，而且年龄可能影响老人在家庭中的地位，低龄老人往往能够通过劳动与子女交换收入，但高龄老人则往往是纯粹消费人口，在孝道逐渐淡化的今天，高龄老人在家里的地位下降，因而更容易陷入贫困状态。因此，年龄越大，留守老人减贫就越困难。

表8-2的统计结果还显示，性别、有无配偶、子女经济支持、社会保障收入和其他收入几个因素对留守老人是否贫困的影响不具有统计显著性。但其中，性别因素的影响系数为负数，表明男性留守老人陷入贫困的概率要比女性留守老人低17.0%（用100%-83.0%所得结果表示）。其他因素的影响系数均为正，说明这些因素与留守老人是否贫困是正相关关系，即有配偶，获得子女经济支持、社会保障收入和其他收入的留守老人陷入贫困的概率低于无配偶和没有这些收入支持的留守老人。但由于统计上不具有显著性，表明这些因素对留守老人减贫不具有独立性影响，只能构成一种趋向性判断。

综上所述，留守老人的收入尤其是自我劳动收入、健康和教育是制约其减贫的重要变量，这一点与第六章的推断一致，也与其他研究者的研究结论一致。说明收入、健康和教育确实是留守老人脱贫的重要因素，而留守老人自我劳动收入直接依赖其劳动能力，劳动能力又取决于健康和教育，因此这三个因素是相互影响的。得到的政策启示是：对于具有劳动能力的留守老人，增加就业机会或提供劳动帮助能够使其增加收入，从而达到脱贫的目的；同时，提高医疗补助既能保障留守老人的健康，也能够保障留守老人的劳动参与能力，进而提高获取收入的能力；提高农村居民的教育程度则是避免农村居民今后陷入贫困的重要手段和途径。

二　减少多维贫困的制约因素

老年贫困问题不仅是经济问题，也是社会问题和政治问题。[①] 老

① 王琳、邬沧萍：《聚焦中国农村老年人贫困化问题》，《社会主义研究》2006年第2期，第68—70页。

年贫困的内涵不仅指经济收入低下，还包括精神、心理、健康、尊严、安全等各个方面未达到社会公认的标准。越来越多的学者和政策制定者逐渐意识到多维贫困比收入贫困更能反映贫困者面临的困境，越来越重视多维贫困测量及其致因分析。民族地区留守老人的贫困问题更呈现出影响因素的复杂性和多维性特征，因而仅考虑收入和消费维度的贫困概念，不能完全反映留守老人的真实贫困问题。由于子女外出，农村留守老人相对于其他人口群体具有其特殊性，更容易被边缘化而陷入多维贫困状态。首先，子女外出务工是否增加对留守老人的收入转移，目前并不确定，且不同留守老人之间存在明显差异；其次，子女外出往往增加留守老人的农业劳动和照顾孙辈的负担；最后，即使留守老人的经济收入可能有所改善，但生活照料、精神孤独、住房维护、社会关系维系、人身财产安全保障等方面也均处于明显的弱势地位，这些维度无疑也属于农村留守老人贫困的范畴，因此，农村留守老人的贫困测度应该考虑纳入这些维度，多维贫困更能反映农村留守老人的真实贫困状况。

实际上，当前老年贫困研究领域也在悄悄发生变化，其中有两个值得注意的发展方向：一是研究者开始关注非经济因素对老年经济贫困的影响；二是认为老年贫困问题并非纯粹的经济问题，应同时关注老年人的非经济贫困问题。如杨菊华等（2010）研究了老年人的社会贫困及其影响因素，结果表明公共福利的有无、家庭形式和居住方式，子女数量和性别、子女的经济支持等都对老年人的社会贫困发生作用，但其用来衡量社会贫困的指标仅包括老年人自评的健康状况和精神慰藉。[1] 王瑜和汪三贵（2014）分别从经济条件、身体健康和心理状况三个维度衡量老年贫困，并利用数据分析了这三种贫困状况的影响因素，分析结果表明：子女数量对老年人的经济贫困和心理贫困都有显著的影响；独居的老人陷入三种贫困的风险更高；而无退休金

---

① 杨菊华、姜向群、陈志光：《老年社会贫困影响因素的定量和定性分析》，《人口学刊》2010 年第 4 期，第 30—40 页。

的老年人陷入经济贫困的风险是有退休金老人的 22 倍。^① 遗憾的是，他们没有将老年人的三种贫困维度综合成一个贫困测度指标。但可以说，在学术研究上，研究者已经开始关注老年人的多维贫困问题，并逐渐将越来越多的贫困测量维度引入老年贫困概念之中。但到目前为止，多维度的老年贫困问题研究文献相对较少，还仍然以老年经济贫困研究为主，这是因为一方面如何界定和衡量非经济贫困比较困难，另一方面老年多维贫困应该包括哪些维度也很难确定。

为此，本书尝试以老年人的主观自评状况为依据，通过问卷测量评分来建构老年多维贫困指标，并分析老年多维贫困在减贫上的制约因素。留守老人多维贫困概念界定、测量指标及测量方法在第六章已有论述，多维贫困概念一共包括 8 个维度 16 个测量指标，8 个维度具体是收入、健康、住房、社会关系、主体性与赋权、安全、休闲娱乐和主观福祉，每个维度由两个五级计分指标构成，两个指标得分加总就是留守老人在该维度的自评得分状况，再将各个维度加总成多维贫困综合指数，并根据最后得分判定留守老人是否贫困，贫困计为 1，非贫困计为 0。最后被解释变量也是一个"是否贫困"的二分变量，因而适合采用二分 Logistic 回归分析模型对留守老人的多维贫困制约因素进行分析。自变量主要包括留守老人的收入水平、健康状况、精神状态、劳动负担状况、子女孝顺程度、社会参与状况、住房状况和人身财产安全状况 8 个与留守老人的现实生活紧密相关的方面，以及留守老人的社会人口特征变量。自变量的详细描述见表 8 – 3。

表 8 – 3　　　　　　　模型因变量和自变量状况的具体描述

变量	获取数据方式	数值及意义
因变量		
是否贫困	询问并计算	贫困 = 1；非贫困 = 0
自变量		

① 王瑜、汪三贵：《人口老龄化与农村老年贫困问题——兼论人口流动的影响》，《中国农业大学学报》（社会科学版）2014 年第 1 期，第 108—120 页。

续表

变量	获取数据方式	数值及意义
性别	观察	男 = 1；女 = 2
年龄	询问	60—69 岁 = 1；70—79 岁 = 2；80 岁及以上 = 3
有无配偶	询问	有配偶 = 1；无配偶 = 0
文化程度	询问	文盲 = 1；小学 = 2；初中 = 3；高中及以上 = 4
收入水平	询问并计算	1000 元以下 = 1；1001—3000 元 = 2；3001—5000 元 = 3；5001—8000 元 = 4；8001 元及以上 = 5
健康状况	询问	从差到好依次为：1、2、3、4、5
精神状态	观察	从差到好依次为：1、2、3、4、5
劳动负担状况	询问	从轻到重依次为：1、2、3、4、5
子女孝顺程度	询问	从差到好依次为：1、2、3、4、5
社会参与情况	询问	从少到多依次为：1、2、3、4、5
住房状况	询问与观察	从差到好依次为：1、2、3、4、5
人身财产安全状况	询问	从差到好依次为：1、2、3、4、5

表 8 - 4 留守老人多维贫困制约因素的 Logistic 回归分析结果（N = 879）

自变量	系数 B	标准误差 S. E.	显著度 Sig.
性别	0.168	0.182	0.356
年龄	0.119	0.142	0.402
有无配偶	− 0.138	0.196	0.479
文化程度	− 0.075	0.123	0.545
收入水平	− 0.261	0.085	0.002
健康状况	− 0.423	0.107	0.000
精神状态	− 0.250	0.110	0.023
劳动负担状况	0.277	0.087	0.001
子女孝顺程度	− 0.364	0.094	0.000
社会参与情况	− 0.313	0.080	0.000
住房状况	− 0.627	0.060	0.000
人身财产安全状况	− 0.339	0.061	0.000
常数项	7.413	0.855	0.000
− 2LL	823.43		

续表

自变量	系数 B	标准误差 S. E.	显著度 Sig.
df	12		
模型显著度	0.000		
模型卡方值	368.356		
预测准确率	79.9%		

表 8 - 4 是留守老人多维贫困制约因素的 Logistic 回归分析结果，总的来看，农村留守老人的几个社会人口学特征变量对其多维贫困状况均没有产生显著性影响，这说明民族地区农村男性留守老人并不比女性留守老人更容易减少多维贫困状态，年龄、婚姻状况和文化程度的优势也没有使这些留守老人更容易减贫。相对收入贫困而言（这几个因素基本都对减少收入贫困产生积极影响），多维贫困与留守老人的个人、家庭特征相关性较弱，说明更多的留守老人遭遇多维贫困困扰，减少多维贫困比减少收入贫困更加困难，这一点值得注意。同时，从表 8 - 4 中也可以看出，纳入模型的 8 个主要自变量都对留守老人的多维贫困状况产生显著性影响。一方面可能是因为这几个方面都与留守老人的现实生活密切相关；另一方面也表明减少留守老人的多维贫困状况需要从多方面入手，而不仅仅注重提高收入。

在影响留守老人多维贫困状况的 8 个变量中，依据回归系数观察，首先，住房状况（用住房的宽敞程度和便利程度衡量）对留守老人多维贫困的影响最大。住房既是家庭收入财产的集中体现，也是留守老人的安身之所，因而对其生活影响较大。在实地调查中，许多留守老人表示子女长期外出，住房出现问题时他们无法修葺，进而影响他们的生活质量。民族地区与汉族地区的最大区别是，外出人员大多数都考虑今后回到家乡继续生活，因而他们赚钱的首要目的和任务就是在家乡修建房子，实现自身价值。从这个角度来讲，住房状况还在一定程度上反映了外出子女的收入状况，而子女收入状况又进一步影响留守老人的经济生活和精神健康。正是因为住房状况涉及留守老人生活的很多方面，所以住房状况成为制约留守老人减贫的重要因素。

健康状况对留守老人多维贫困的影响程度排在第二位，留守老人的身体健康状况越好，越容易脱离多维贫困状况。健康的身体不仅使得留守老人减少对其他家庭成员或社区邻里的依赖，而且也使其能够通过自身劳动获得收入，增强抵抗贫困风险的能力，同时，身体健康还是留守老人参与社会活动、维系社会关系的前提条件。因此，健康状况直接影响留守老人的经济水平和活动能力，进而影响其精神和心理问题。健康状况与其他影响因素密切相关，相互影响，某种程度上还具有决定其他因素的作用，因而其对留守老人的多维贫困状况产生较大的影响。

其次，子女孝顺程度、社会参与情况和人身财产安全状况 3 个变量在影响留守老人的多维贫困状况的强度上差不多，且都具有统计显著性。回归分析结果表明，子女越孝顺、老人社会参与越多、感觉人身财产越安全，则留守老人越容易脱离多维贫困状况。其中，子女孝顺程度不仅从经济上对留守老人的生活产生积极影响，如给予老人较大的经济支持，减轻留守老人自我赚取生活费用的负担和担忧，而且还从精神慰藉层面支持留守老人。在许多农村老人的思想里，家庭和睦、子女孝顺是其晚年最大的愿望和幸福，至于经济收入方面则要求不高，只要能够达到比温饱略高的水平即可，并不要求大富大贵。就老人的社会参与情况而言，实际存在两种针锋相对的观点：疏离理论（Disengagement Theory）和活动理论（Activity Theory）。疏离理论认为老人应该减少社会活动，退出社会参与，才能更好地适应老年生活。活动理论则认为，维持足够的活动程度和一定的活动范围是适应老年阶段发展的最有效的方法。[1] 20 世纪 80 年代之后，越来越多的人认识到老人参与社会的重要性，包括世界卫生组织等国际社会也主张老人参与社会。[2] 这里我们通过回归分析也表明，留守老人增加社会参与有助于解除其多维贫困状况。人身财产安全是留守老人安心生活的

---

[1] 裴晓梅：《从"疏离"到"参与"：老年人与社会发展关系探讨》，《学海》2004 年第 1 期，第 113—120 页。

[2] 韦璞：《老年妇女社会参与现状及其影响因素》，《市场与人口分析》2007 年第 7 期，第 7—12 页。

前提，但在调查中我们发现在一些社区，由于年轻人外出较多，社会治安恶化，一些夜盗小团伙常常以留守老人为作案目标。而农村由于范围较大，派出所也难以防范。因而财产损失也是留守老人陷入贫困的原因，关键还在于夜盗团伙的存在，让留守老人难以安心生活，给他们造成极大的心理负担，进而影响其多维贫困状况。因此，创造条件鼓励留守老人参与社会活动，加强社区安全防范，使老人能够安心生活，成为减少留守老人多维贫困的重要影响因素。相反，则制约留守老人的多维贫困减贫情况。

最后，虽然收入水平、劳动负担状况和精神状态3个变量也对留守老人的减贫产生影响，但影响强度弱于上述其他变量。其中，精神状态饱满的留守老人能够集中精力发展经济，愿意参与社会活动等，因而对减贫具有重要帮助。与此同时，留守老人的精神状态基本反映了他们自身的总体生活状况，所谓"人逢喜事精神爽"，生活过得不错、负担较轻、家庭和谐等往往反映在精神层面上。因此，精神状态既是减贫的原因，也是减贫的结果。从统计结果来看，劳动负担越重，留守老人解除多维贫困状况就越困难。如果留守老人劳动负担过重，不仅对其自身健康产生负面影响，同时也挤占了其参与社会活动、娱乐生活的时间，从而使其陷入多维贫困状况。因而，劳动负担也是制约留守老人脱离多维贫困的重要因素。值得指出的是，收入水平变量是影响收入贫困状况的直接变量，但对多维贫困的影响却较弱，这进一步说明了仅仅关注收入问题，并不能很好地解决留守老人的多维贫困状况。但这并不能否定经济收入在留守老人生活中的重要作用，经济收入是老人能够自立的基础，老年人自立包括经济、生活和心理三个主要方面。经济自立能力决定着老年人心理和生活自立需要的实现，而心理上的自立又有助于经济和生活自立能力的提高。因此，经济上自立能力不足仍然是当前老年人贫困的主要原因之一。[①]只是在解决留守老人的多维贫困时，需要对其他因素给予重点关注，

---

① 王琳：《我国未来老年贫困的风险分析》，《云南社会科学》2006年第2期，第77—81页。

因为这些方面恰恰是容易被忽视的。

三 小结与启示

从上文分析可知，在收入贫困减贫上，外出子女的经济支持、健康状况、文化程度、年龄等变量对留守老人的减贫具有独立性影响，换句话说，缺少外出子女的经济支持，健康状况较差，文化程度低，年龄大的留守老人存在减贫困难。在多维贫困减贫上，尽管采用的测量标准与收入贫困不同，但分析结果显示，健康状况仍然是制约留守老人减少多维贫困的重要因素。经济收入变量尽管对留守老人的多维贫困产生显著性影响，但影响强度较弱。这充分说明，经济收入只是影响留守老人贫困的一个方面。从多维贫困影响因素来看，住房状况、子女孝顺程度、社区安全等，也是制约留守老人减缓多维贫困的重要因素。同时，回归结果还表明，多维贫困与留守老人的个人、家庭特征相关性较弱，说明更多的留守老人遭遇多维贫困困扰，减缓多维贫困比减缓收入贫困更加困难。

对比收入贫困和多维贫困的制约因素，得到的重要启示是：一是制约减缓收入贫困的因素，对多维贫困不一定产生影响，如留守老人的人口学特征变量。多维贫困对留守老人的覆盖面更广，即更多留守老人遭受多维贫困的困扰。二是多维贫困的影响因素更多、更复杂，减缓多维贫困需要消除的制约因素更多。

第九章　农村社会保障减贫的影响因素[①]

农村社会保障在减缓贫困方面除受制度设计因素、制度执行因素,[②] 以及个人和家庭因素的影响和制约外，还受政策执行力度和村庄社会环境的影响。实际上，任何公共政策和社会政策都是在一定的社会场域内进行实践的，必然受到场域环境因素的制约。同时，社会保障推行的是从上到下的政策介入，推行和执行过程对行政力量依赖较大，政策效果也受行政力量推进力度的影响。我国各省（区、市）基本上都是根据中央相关文件精神来设计和制定本省（区、市）农村社会保障政策，各省（区、市）的地方县市又根据省（区、市）的文件精神制定本地社会保障制度。因而从现实情况来看，各地农村社会保障政策框架和制度结构基本一致，执行程序也基本相同，但在不同区域尤其是不同村庄环境表现出来的执行效果差异较大，由此导致不同地方的社会保障的减贫效果存在一定差距。这正是由于社会保障政策在不同地方的实施力度和政策执行环境差异所致。当前农村社会保障政策虽然没有直接针对留守老人，但留守老人作为农村人口群体的重要组成部分，制约村庄社会保障政策执行效果的因素，很大程度上也是制约农村留守老人享受社会保障福利待遇的因素。

---

① 本章主体部分作为本课题的阶段性研究成果，曾以"社会保障项目的执行效果差异"为题在《重庆社会科学》2015 年第 4 期上发表。

② 制度设计因素主要是指社会保障制度中的各个管理环节，包括筹资机制、运作管理方式、投资监督方式，以及支付方式、支付水平和结构等；制度执行因素主要指社会保障的覆盖面、保障水平和瞄准精度等方面。上文在讨论各个社会保障项目的减贫效果时，对此均有讨论。

一　相关理论回顾

社会保障的减贫效果不仅可以直接通过减贫人数和比重体现出来，还可以间接通过参保率和受益率（或瞄偏率）来反映。比如通过对减贫个体的加总计算，能够准确反映社会保障的减贫效果，同时利用样本个案还可以具体分析影响和制约社会保障减贫效果的个人家庭特征因素（如第八章），但却无法知道影响社会保障减贫效果的场域环境因素。因此，本章将对间接反映农村社会保障减贫效果的参保率（针对新农保）、参合率（针对新农合）和瞄偏率（针对农村低保）在不同村庄的差异及其影响因素进行分析比较，讨论农村社会保障减贫效果在村庄层面的执行环境影响因素。

社会保障政策从上到下嵌入农村社会，必然在村庄层面引起不同反应，影响社会保障政策的执行效果，包括影响其减贫效果。我们知道，农村中同一社会保障项目在不同地区，甚至在同一地区的不同村庄的实施效果都会存在差异，如新农保在某一个村庄的参保率明显高于另一个村庄，特别是两村居民收入水平相差不大的情况下，出现这种情况时，难以从制度特征和个人家庭特征差异找到答案。与此同时，不同社会保障项目在同一村庄的政策效果也会存在差异，这无疑与各项社会保障项目的制度设计和受益对象不同有关，但究竟何种政策执行环境因素导致这一结果，至今鲜有研究，更缺乏将影响新农合、新农保和农村低保的各种因素进行比较。因而我们无法知道，究竟哪些执行环境因素导致了不同社会保障项目在同一地方的执行效果差异这一问题。明确上述问题，有助于进一步完善各项社会保障政策，制定更加有效的实施细则，对农村社会保障项目的组合设置也具有重要的参考价值。

目前对于农村社会保障实施效果方面的研究主要从制度本身存在的问题入手，研究如何完善制度以达到预期的制度设计效果，以及制度实施对其覆盖的群体所产生的效应。在具体研究取向上，着重研究制度激励性、个人家庭因素等对参保状况和瞄准机制的影响，从经济理性的角度解释农民的参保行为。① 这一研究进路往往忽视了政策执行环境对政策执行过程的影响。在分析新农保和新农合参保决策和参保率的研究中，除了制度本身的激励性、个人家庭因素以外，社会环境往往也会影响农民的判断和选择，不同地区的经济特征、地域特征都会对农民参保决策产生重要影响。② 根据决策理论的分析，农民作为参保行为的决策者，在高度不确定和极其复杂的现实决策环境中，参保行为选择的理性是相对的。农民参保行为既受个体自身因素的影响，也受环境因素制约。③ 尤其是理性分析逻辑无法解释相同的农村社会保障政策在不同地域的实施效果差异问题，比如同样的社会保障政策在不同区域（村庄）产生不同的减贫效果。造成这种分析缺陷的原因被一些学者认为是这种分析缺少一个中观层面的中介解释变量，这个中介变量就是村庄的性质特征。④ 在分析农村低保瞄准偏误的原因时，研究者主要从村组干部的私利行为、目标对象的特征和参与的积极性、识别技术的科学性和有效性等方面进行解释。⑤ 但对于偏误

　　① 这种观点基于新古典经济学中关于完全理性"经济人"假定的研究范式，认为每个农民均能够毫无约束地、独立地做出参保行动决定，始终如一地追求个人利益，实现个人在各种约束条件下的最大利益。参见魏建、宋微《影响我国农民参加农村社会养老保险的因素及对策研究》，《理论学刊》2007年第4期，第71—74页。
　　② 穆怀中、闫琳琳：《新型农村养老保险参保决策影响因素研究》，《人口研究》2012年第1期，第73—82页。
　　③ 李兵水、祝明银：《农民参加新型农村社会养老保险动因刍议》，《江苏大学学报》（社会科学版）2012年第1期，第14—19页。
　　④ 他们认为，由于各地农村的不均衡性，在区域传统、现代性进入程度等方面表现出来的不平衡性，不同地区的农村在遭遇新农保这个外生于村庄的制度设置时会表现出不同的样态。所以，需要借用村庄性质这一中介变量来分析新农保嵌入农村社会的制度和文化环境的过程和机制。参见范成杰、龚继红《村庄性质与新型农村社会养老保险的嵌入性发展》，《天府新论》2012年第2期，第105—109页。
　　⑤ 刘燕舞：《作为乡村治理手段的低保》，《华中科技大学学报》（社会科学版）2008年第1期，第117—120页；课题组：《武汉市农村低保制度运行状况调查——兼论农村社会保障体系的完善》，《地方财政研究》2009年第12期，第52—57页；刘勤：《农村低保实践的偏差与规范——基于陕南丘村的个案分析》，《调研世界》2009年第6期，第40—41页；邓大松、王增文：《"硬制度"与"软环境"下的农村低保对象的识别》，《中国人口科学》2008年第5期，第18—25页；李小云、董强等：《农村最低生活保障政策实施过程及瞄准分析》，《农业经济问题》2006年第11期，第29—33页；王增文：《我国农村实施"低保"制度存在的问题及对策》，《经济纵横》2007年第7期，第6—7页。

率的地域性差异，环境因素尤其是村庄环境对低保执行偏差的影响却较少涉及，因而未能在理论和实证层面提供满意的解释。

在研究方法上，目前国内学者主要采用定性分析方法，对各项社会保障制度的发展历程和运行状况进行描述，对政策制度在学理上的利弊进行分析和推理。虽有一些小范围的调查研究指出这些制度在执行过程中的问题和不足，但由于受到相关数据的限制，对社会保障制度实施效果的影响因素进行定量分析和比较研究的并不多。为了弥补已有文献对农村三项社会保障在定量研究上的不足，比较三项政策在具体实施过程中的不同政策效果及其影响因素，我们将各种村庄特征通过操作化转变为各种影响变量，将村庄视为农村三项社会保障政策执行的具体场域，分析村庄层面的特征变量对不同村庄的新农保、新农合参保率，以及低保瞄准偏误率差异的影响，进而间接反映农村三项社会保障在不同村庄环境中，对留守老人可能形成的减贫效果。

二　变量操作化与理论假设

（一）调研数据及变量操作化

在实地调查过程中，除利用问卷调查收集农村留守老人个人家庭方面的信息外，还收集有关村庄层面的信息（具体参见文后附录）。在收集村庄信息的过程中，充分考虑到地域特征差异，对不同地域、民族、经济状况等方面进行综合考虑，最终确定村庄样本，因而村庄样本具有代表性。调查范围覆盖贵州省9个市（州），云南省6个市（州），四川省5个市（州），地域覆盖面较广。调查区域主要是少数民族地区，以村庄为调查单位，资料收集采用知情人访谈、小组讨论、问卷调查等相结合的方法，所有村庄调查问卷均由调查员填答，最终获得有效样本74份。

为了考察同一社会保障项目在不同村庄形成的执行效果差异，并比较不同社会保障项目的政策效果差异，我们构建了三个回归分析模型，因变量分别是新农保参保率、新农合参合率和农村低保的瞄准偏误率。通过调查资料数据计算各个样本村庄的参保率、参合率和瞄偏率，这三者构成分析模型的因变量。新农保参保率和新农合参合率用实际参保人数除以符合参保条件的人数表示，利用此方法计算出每个调查村庄的参保率和参合率；低保瞄准偏误率的认定采用美国学者 Dellaportas（1980）提出的集合理论识别方法。[①] 但 Dellaportas 的计算单位是"家庭"，而笔者的计算单位是"个人"，因为农村低保在实际执行中主要以"个人"为单位，保障的是生活困难的个人，而不是家庭。每个调查村庄均同时计算参保率、参合率和瞄偏率，以保持三个模型样本的一致性，便于对三者进行比较分析。

表 9 –1　　　　　　　　　变量的描述性统计

	变量	样本量	最小值	最大值	均值	标准差
自变量						
模型 1	新农保参保率	74	14.30	98.00	58.18	22.14
模型 2	新农合参合率	74	50.00	100.00	88.96	10.66
模型 3	低保瞄准偏误率	74	10.00	44.44	24.71	8.56
自变量						
客观变量	村庄人口规模	74	1	10	4.72	2.99
	村庄民族构成	74	1	5	2.04	1.07
	村庄人均收入	74	1	10	3.73	2.43
	外出人口占比	74	2.60	67.70	33.19	17.25
	距离乡镇里程	74	0.1	30.0	6.59	6.47

---

　　① 　该方法运用集合理论思想来进行识别，将研究对象分为两个子集：一个子集表示需要救助（但实际不一定得到救助）的贫困家庭；另一个子集表示实际得到救助（但不一定贫困）的家庭。如果瞄准效率为 100%，则两个子集应该完全重叠。但在实际执行中往往难以达到这样的效果，总会出现某种程度的偏差，即有些需要救助的家庭没有得到救助——"错误排除"，没有获得保障的目标家庭数与目标家庭总数之比称为挤出率；而一些没有达到救助标准的家庭却得到了救助——"错误包含"，获得保障的非目标家庭数与获得保障的家庭总数之比被称为漏损率。目标家庭总数与获得保障的家庭总数是相等的。挤出率与漏损率之和就是总的瞄准偏差率。

续表

	变量	样本量	最小值	最大值	均值	标准差
因变量						
主观变量	村内贫富差距	74	1	10	4.89	2.45
	村庄团结程度	74	1	10	5.51	2.01
	村民生活面向	74	1	10	6.09	2.34
	商业化程度	74	1	10	4.42	2.36
	村庄收入位次	74	1	9	4.80	2.45
行政强度变量	宣传力度	74	2	10	5.59	1.88
	检查频度	74	1	14	5.19	2.82

注：根据课题组调查资料编制。

自变量及其操作化：自变量包括主观变量和客观变量各 5 个和 2 个行政强度变量，共计 12 个。表 9 - 1 给出了所有变量的描述性统计结果。其中，客观变量包括村庄人口规模、村庄民族构成、村庄人均收入、外出人口占比和距离乡镇里程，这些指标的测量均由具体调查所得数据组成，其中村庄人口规模按 10 级计量进行处理，200 人以下计为 "1"，201—500 人计为 "2"，其后按每隔 500 人一个级别计量，人数多于 4000 人计入第 10 级；"村庄人均收入"以年度为计量单位，按 10 级进行分组，从 1500 元（因为没有人均年收入低于 1500 元的村庄）开始每提高 500 元为一个计量级，高于 6000 元计为 10 级。村庄民族构成、距离乡镇里程和外出人口占比按实际调查所得数据作为自变量纳入回归模型。

主观变量包括村内贫富差距、村庄团结程度、村民生活面向、商业化程度和村庄收入位次，根据调查员的观察和受访者的回答情况，由调查员判断该村在各变量上的得分，主观变量采用 10 级计分方法，这主要考虑到我国特有的计分习惯常常是 10 分制和 100 分制，为便于调查员计分而采用 10 分制。计分规则为：村内贫富差距越大，村庄团结程度越高，村民生活越倾向村外，商业化程度越高，得分越高；而村庄收入水平越高，排名越靠前，即排名数值越小，也越接近 1 级。回归分析中将这些变量作为自变量纳入模型。

行政强度变量有 2 个①：一个是政府人员和村组干部的宣传力度（主观变量，调查员根据被访者回答情况进行判断）。农村社会保障制度作为一种政府主导推进的新制度，宣传力度直接关系到农民对新制度的认识和理解，同时也表明政府的决心，影响农民对政策稳定性的预期。宣传力度越大，参保率越高，低保偏误率越低。另一个是政府人员的检查频度（客观变量，按季度计算）。一项制度，如果领导重视，检查频率较高，则这项制度的实施效果就比较好。在制度运行初期，检查频度反映了该项制度的重要性和可靠性，提高参与者的信心和预期，对未参与者也具有较强的吸引力。显然，这两项行政强度变量也对村民参保决策和行为产生影响。因而，我们将其引入回归分析模型。

（二）理论假设

从表 9 - 1 中可以看出，首先，新农保参保率、新农合参合率和低保瞄偏率各自的最大值和最小值之间都存在一定差距，说明在不同村庄之间，新农保、新农合参保率和低保偏误率不仅受到个人、家庭层面因素的影响，也可能直接受到村庄层面因素的影响。严格说来，个人和家庭层面因素只能对不同个体（无论哪个村庄）是否参与各项社会保障产生影响，而无法解释同一社会保障项目在不同村庄之间存在的差异问题。就不同村庄而言，人口规模不同，集体行动的难易程度、信息传达的快慢不同。根据奥尔森的集体行动理论，规模越小的村庄，集体行动的达成越容易，信息传达的速度也越快。此外，村庄中村民的团结程度、贫富差距等村庄层面的因素，以及政府相关工作人员进入村庄的宣传力度等行政强度因素，也会影响村民对社会保障的参与程度。因此，相同的社会保障项目在不同村庄之间存在的参与

---

① 必须承认，政府对新农保的资金支持力度大小肯定是导致参保率差异的非常重要的变量，但有两个原因致使我们不得不舍弃这一变量：一是政府的资金支持并没有体现出村庄层面的差异。如贵州省的新农保政策的政府资金资助部分，除了贵阳市为每人115元以外，其他市县均为55元。这样，在村庄层面就体现不出资助力度差异。二是国家资金支持主要体现为对个人参保的激励，而不是对村庄的激励，这对分析村庄层面的参保率差异不具有实质性意义。

率差异问题只能用村庄层面的特征来构建分析模型。我们为此构建了三个不同的回归分析模型，模型 1、模型 2、模型 3 分别分析了村庄层面的各种因素对新农保参保率、新农合参合率和低保瞄准偏误率产生的影响。

其次，在不同社会保障项目的比较中，新农保参保率在不同村庄之间的差距最大，新农合次之，农村低保最小。我们猜测，不同社会保障项目的影响因素应该存在差异，对这个项目产生影响的因素，对另外的项目可能并不产生影响。这是因为这几个社会保障项目在以下几个方面存在较大差异：一是当前农村三个社会保障项目的收入再分配功能存在差异。农村低保属于典型的"劫富济贫"制度，农村居民不需要缴费，理论上只要其个人或家庭收入低于政府划定的贫困线标准，通过本人申请，政府审批，就可以领取补助金。尽管在实际执行中，各地均有低保指标名额的限制，导致农村低保未能"应保尽保"，但对于能够拿到低保补助的人而言，低保的收入再分配功能强于其他社会保障项目。因而从理论上讲，农村低保的减贫效果应该强于另外两个项目。二是农村三个社会保障项目兑现期长短存在差异。对于农民而言，兑现期越长意味着变数越大，制度的稳定性及能否兑现承诺是他们担忧的问题。兑现期越短，农民参与的积极性越高。参与积极性高会导致直接受益人数增加，因而兑现期短的社会保障项目的减贫效果较强。三是农村三个社会保障项目的缴费多少存在差异。缴费越少的项目参与率越高，因为缴费少实际意味着农民支付的成本低。成本—收益比较法对于农民选择社会保障制度也是适用的，成本低而受益高的社会保障项目肯定是农民首选，自然也是减贫效果最为明显的社会保障项目。

依照上述思路，农村低保属于即期支付，新农合属于一年期限的时间支付，新农保属于未来预期支付。因而，农村低保在实际执行中参与率最高，竞争最为激烈，影响因素最多。至于受益人数和比例最少，是由于农村低保存在名额限制所致。影响因素多，表明受益的不确定性高，致使瞄偏率较高，最终也使得农村低保的减贫效果大打折扣。新农合由于在一年期限内兑现，参与率也较高，因而应该说减贫效果也较好。新农保的兑现期较长，当期参保的人，几十年后才能拿到养老保险金，越年轻的人兑现期越长，越较少参与，而接近领取养老金的老年人，由于兑现期大大缩短，因而参与率相应提高。对于留守老人而言，由于许多地区均不需要缴费就可以享受新农保基本养老金支付，而且在新农保废除"捆绑"条件之后，公平对待每个农村老人，政策阻力较小，留守老人直接从新农保受益，参与人数大幅增加，可以说，对于留守老人而言，新农保同时具备了再分配功能强、兑付期短、成本小三个优点，因而新农保应该是减贫效果最好的社会保障项目。总之，收入再分配强弱、承诺兑现期长短和缴费多少是影响不同社会保障项目村庄参与率差异的重要因素。

鉴于以上分析，我们预先提出如下三个研究假设：

假设1：收入再分配功能越强，参与积极性越高，影响因素越多，村庄特征变量的影响越强，社会保障的减贫效果受到的影响越大。

假设2：承诺兑现期越短，参与积极性越高，影响因素越多，村庄特征变量的影响越强，社会保障的减贫效果受到的影响越大。

假设3：缴费越少，参与积极性越高，影响因素越多，村庄特征变量的影响越强，社会保障的减贫效果受到的影响越大。

三　结果与讨论

（一）结果分析

为了观察村庄因素对农村三项社会保障项目的影响，我们建立了三个回归分析模型。这三个模型主要分析两个方面：一是村庄层面不同影响因素对同一社会保障项目的影响及差异；二是村庄层面同一影响因素对不同社会保障项目的影响及差异。由此，进一步检验上文提出的三个理论假设，讨论完善农村三项社会保障项目的政策措施。模型1、模型2和模型3分别分析了村庄特征变量和行政变量对新农保参保率、新农合参合率和农村低保瞄准偏误率的影响，分析结果如表9-2所示。

表9-2　　　　村庄层面因素对不同农村社会保障项目的影响

自变量		模型1（因变量为新农保参保率）	模型2（因变量为新农合参合率）	模型3（因变量为农村低保偏误率）
客观变量	村庄人口规模	-1.172	-0.203	0.411
		(1.052)	(0.553)	(0.220)
	村庄民族构成	-0.012	1.797	1.568*
		(2.141)	(1.126)	(0.675)
	村庄人均收入	3.521**	1.787**	0.061
		(1.185)	(0.623)	(0.374)
	外出人口占比	-0.321*	0.008	0.139**
		(0.158)	(0.083)	(0.050)
	距离乡镇里程	0.086	-0.498*	-0.402**
		(0.380)	(0.200)	(0.120)
主观变量	村内贫富差距	0.004	-2.280**	0.132
		(1.389)	(0.730)	(0.438)
	村庄团结程度	1.000	-0.314	-2.172***
		(1.458)	(0.767)	(0.460)
	村民生活面向	0.983	0.273	0.115
		(1.198)	(0.630)	(0.378)
	商业化程度	-0.764	-0.060	0.811*
		(1.063)	(0.559)	(0.335)
	村庄收入位次	-0.774	-0.288	0.553
		(1.387)	(0.729)	(0.437)
行政强度变量	宣传力度	7.080***	2.960***	-0.154
		(1.328)	(0.698)	(0.419)
	检查频度	0.329	-0.393	-0.807**
		(0.907)	(0.477)	(0.286)
	常数项	14.935	80.924	26.807
		(20.413)	(10.730)	(6.437)
	F	5.593	3.877	10.950
	Adj R^2	0.430	0.321	0.621
	sig.	0.000	0.000	0.000

注：***0.001表示在水平上显著，**0.05表示在水平上显著，*0.1表示在水平上显著；括号内数字为标准误差。

（1）村庄层面不同因素对同一社会保障项目的影响。从表 9-2 的模型 1 可以看出，对于新农保而言，12 个影响变量中，只有村庄人均收入、外出人口占比和政府、村组干部的宣传力度 3 个自变量对不同村庄参保率高低差异产生显著性影响。其中：①村庄人均收入变量对新农保参保率差异的影响在 0.05 的水平上显著，且偏系数符号为正号，表明村庄人均收入越高，这个村庄的新农保参保率越高。由于农村居民参加新农保需要缴费，最低档是每人每年 100 元，这一数额对于家庭成员较多，收入较低的家庭也算是一笔不小的开支，因而参保率高低直接与家庭收入高低相关。在村庄层面上则与村庄人均收入的高低直接相关，收入高的村庄缴费能力更强，因而参保率也更高。②外出人口占比变量对新农保参保率差异的影响在 0.1 的水平上显著，且偏系数符号为负号，说明外出人口占比越高的村庄，对于新农保的参保率越低。当前农民外出务工的收入、时间长度、就业状况等均具有不确定性，特别是对于新生代农民工而言，确保几十年后回乡养老的可能性不大，而距离领取养老金的年限也很长，因而他们倾向于不参加新农保。从而导致外出人口比例高的村庄，新农保参保率降低。③政府、村组干部的宣传力度变量对新农保参保率差异的影响在 0.001 的水平上显著，且偏系数符号为正号，数值最大。根据偏系数可以判断，宣传力度每加强 1%，引起新农保参保率上升幅度为 7.08%。一方面，新农保在制度设计上比较复杂，且兑现期较长，制度变动的可能性较大，不可预知的因素较多，这是农民担忧的事情，因而如果政策宣传不到位，就很难调动农民的参与积极性。另一方面，新农保需要农民自己承担一部分缴费，他们担心政策变化导致自己交的费也"打水漂"，因而参与积极性不高。但政府工作人员、村组干部的宣传和缴费能够打消他们的疑虑。总之，对于制度比较复杂，缴费比较多，兑现期比较长的社会保障项目，如果宣传工作不到位，则很难调动农民参与的积极性，而各个地方的相关工作人员以及各村组干部不可能在宣传力度上达到相同的努力程度，宣传力度上的差异会导致不同村庄参保率的差异。

值得注意的是，对于新农保，60 岁及以上的农村老年人并不需要缴费，直接领取新农保基本养老金，而且该养老金待遇由中央财政转移支付，与地方财政没有关系，政策阻力较小。当然地方财政富裕的地方可以在中央转移支付水平的基础上，增加地方财政支付部分，让农村老人得到更多待遇支付。地方财政增加支付待遇只会影响新农保的待遇水平，并不会影响新农保支付的性质。新农保对农村老人和年轻人实际采用了不同的制度模式，对年轻人属于保险性质，待遇与个人缴费密切挂钩。但对于老人而言，属于社会福利性质，待遇与个人收入及其他特征无关，·且采用普惠式模式而不是选择式模式，不需要对受益对象进行筛选，因而减少了执行者和执行工具导致的选择性偏差，同时也排除了因竞争而导致的政策效果偏差。就上文提出的 3 个假设而言，目前来看，对于农村老人来说，新农保支付属于即期支付，兑现期短，无须缴费，成本低，再分配功能强，因而理论上应该是影响因素较多。但由于新农保公平对待每一位农村老人，只要达到年龄就可以领取同样的待遇支付，因而排除了竞争性，最终导致影响因素减少，制度简单，容易理解，使得新农保的减贫效果最好，因而限制减贫效果的因素最少。

对于新农合而言，模型 2 表明村庄人均收入、距离乡镇里程、村内贫富差距和政府、村组干部的宣传力度 4 个变量对不同村庄参合率差异产生显著性影响。其中：①政府、村组干部对新农合的宣传力度是影响参合率差异最重要的变量，显著性水平为 0.001，当宣传力度加强 1%，参合率提高 2.96%。新农合也需要个人每年缴费 30 元（困难户由民政代缴），政府补助 50 元，兑现期为一年。新农合的参合率平均值比新农保高得多。这是因为新农合尽管也需要个人缴费，但每年缴费仅为新农保最低档次的 3/10，且兑现期比新农保短得多。这样，农民对新农合能否实际兑现的担忧相对少得多，而且从农民的角度思考，即使不能兑现，每年仅 30 元的损失也是农民完全可以承担的，况且新农合实施多年，受益农村居民不在少数，制度的稳定性得到认可，因而参合率较高。②村庄人均收入和村内贫富差距变量的显著性水平均为 0.05，但村庄人均收入变量的偏系数符号为正号，而村内贫富差距变量的偏系数符号为负号。说明村庄人均收入越高，参合率越高；而村内贫富差距越大，参合率越低。村庄人均收入越高，村民缴费占其收入的比重越低，村民的经济承受能力越强。这样，收入越高的村庄参合率也越高。对于村内贫富差距越大的村庄，收入差距大本身说明村庄中少部分人收入较高，而大多数人收入低，低收入者往往参合率较低，从而导致参合率不高。③距离乡镇里程变量的影响在0.1的水平上显著，且偏系数符号为负号，说明村庄距离乡镇政府越远，参合率越低。一般而言，新农合医疗定点医院都设在所属乡镇政府所在地，距离乡镇政府远的村庄，距离医疗定点医院也远，这些村庄的农民就医、报账均不方便，同时信息相对闭塞，对新农合的相关政策不够了解，这些因素是导致越偏远的村庄参合率越低的原因，也是导致新农合在这些村庄的减贫效果不佳的原因。

　　模型3的分析结果显示，对农村低保瞄准偏误率具有显著性影响的变量有6个，在0.001水平上显著的是村庄团结程度变量，且偏系数符号为负号，说明村庄团结程度越高，低保瞄准偏误率越低。这是因为村民团结的村庄，村民之间的联系比较紧密，相互依赖性较强，村内信息共享程度较高，村组干部难以隐瞒相关信息，村民也容易达成集体行动对抗村组干部的不公平行为。因此，在这样的村庄，低保瞄准偏误率会比较低。外出人口占比、距离乡镇里程和上级工作人员的检查频度变量的影响在0.05水平上显著。其中，外出人口越多，低保瞄准偏误率越高。外出人口一般是村庄内的活跃人口，他们的缺失使得村庄内部信息交流和传递减少，同时也减少了对抗村组干部的力量，使得村组干部容易掌控权力，隐瞒信息，暗箱操作，从而使低保偏误率升高。距离乡镇越远，低保偏误率越低。这是因为距离乡镇远的村庄市场化程度往往也较低，村民之间的相互依赖性较强，村庄团结程度较高，因而低保偏误率低。村庄民族构成和商业化程度变量的影响在0.1的水平上显著。一般而言，民族成分构成复杂的村庄，村内的各种关系较为复杂，宗族、姓氏、姻亲、派系较多，村庄内耗较大，低保执行中很难平衡各方利益，村组干部一般倾向隐瞒低保信息，进行暗箱操作，否则通过民主评议基本无法执行，因而低保偏误率较高。商业化程度反映理性化程度，理性化意味着村民主要考虑个人私利，而对村庄全局、结果公平、他人利益等较淡漠，凡是于己有利的都会尽力争取，而不顾周围人的看法，从而导致低保执行出现偏差。因此，可以说，农村低保虽然属于即期兑付，也不需要事先履行缴费义务，分配功能较强，但由于农村低保具有名额限制，导致潜在受益对象激励竞争，受到执行环境因素的影响较多，最终使得政策执行效果不理想，减贫效果大打折扣。

（2）村庄同一影响因素对不同社会保障项目产生影响的差异性。同一村庄层面影响因素为何对不同的农村社会保障项目产生不同的影响？这实际上与各个社会保障项目的性质有关。如表9-2所示：①对于缴费项目新农保、新农合，参与者的积极性均与人均收入有关，人均收入高，参保率也就高；相反，人均收入低，参保率也低。这是因为经济收入高低决定了参与者的缴费能力。因此，可以看到村庄人均收入变量对新农保、新农合产生了显著性影响，而对农村低保没有产生显著性影响。同时，由于新农保缴费比新农合多，收入变量对新农保参与率的影响较大。由此也可以预见，未来新农保如果对老人不再实行普惠制（即当现在缴费的一批人进入老年阶段，他们领取的养老金就是他们现在缴费的积累和政府的补助），其减贫效果将大大下降。②兑现期长、受益不确定性较高的项目与宣传力度有关。宣传力度在一定程度上反映了政策制定者的决心和制度的稳定性，如果制度稳定，受益承诺能够兑现，则参与率较高；反之，则参与率较低。且兑现期的长短意味着收益确定性程度，因而兑现期短，则参与率相对较高，宣传动员的空间较小；反之，兑现期长，宣传动员能够打消参与者的担忧和顾虑，则参与率提升的幅度就比较大。从表9-2中可以看出，宣传力度变量对新农保和新农合均产生显著性影响，且新农保受到的影响程度更深。但由于新农保对农村老人实行普惠式待遇支付，大大提高了新农保对留守老人的减贫效果。③不需要缴费的项目更容易受村庄层面因素的影响。这一点从方程调整后的 R^2 拟合优度可以看出，村庄层面的解释变量能够解释低保偏误率的62.1%，而仅能分别解释新农保和新农合的43.0%和32.1%。村庄层面因素如村庄团结程度、村庄民族构成、商业化程度等变量对农村低保瞄准偏误率的影响较大。因此，可以说，不需要缴费的项目受村庄层面的集体特征因素影响较大，而缴费项目受个人和家庭层面的个体特征因素影响较大。

（二）基本结论与讨论

通过上文的回归模型分析可知：①无论新农保、新农合还是农村低保均受到村庄环境因素的影响，但由于各个社会保障项目的性质不同，影响因素多少和影响强度也不同。②从再分配功能、承诺兑现期和缴费成本三个角度进行对比，再分配功能强、兑现期短、缴费少或免费项目，受到村庄因素影响较多，影响程度较深；反之则反是。因此，可以对农村三项社会保障制度进行排序：对农村低保产生显著性影响的变量最多，其次是新农合，影响变量最少的是新农保。③根据上文提出的研究假设（假设1：收入再分配功能越强，参与积极性越高，影响因素越多，村庄特征变量的影响越强，社会保障的减贫效果受到的影响越大。假设2：承诺兑现期越短，参与积极性越高，影响因素越多，村庄特征变量的影响越强，社会保障的减贫效果受到的影响越大。假设3：缴费越少，参与积极性越高，影响因素越多，村庄特征变量的影响越强，社会保障的减贫效果受到的影响越大），对比表9-2中模型1、模型2和模型3，我们知道回归分析结果证实了上述三个假设成立。对于缴费较多而兑现期较长的新农保而言，个人的理性选择显得尤为重要。从成本角度考虑，缴费较多，农民需要支付的成本较高，一旦制度发生变化，意味着损失也较大；从收益角度考虑，虽然新农保能够获得政府补贴，但需要多年以后才能兑现，如果考虑到价格指数变化因素，计算多年后的预期收益远远超出农民个体的理性计算能力，多年后的补助金额对他们来说是一个未知数。由此，个人理性的有限性、经济负担能力以及政策宣传力度等因素对农民参保行为的影响较大。总之，个体特征对缴费项目的影响较大，而村庄集体特征对缴费项目的影响较小，影响因素相对也较少。当然，由于新农保对农村老人的待遇支付采用普惠式非缴费模式，免除缴费成本，提高再分配功能，同时避免了竞争性，使得新农保对留守老人的减贫效果大幅度提高。对于农村年轻人而言，上述分析逻辑是成立的。新农合尽管也需要缴费，也存在兑现期限，但相对于新农保来说，缴费较少，兑现期较短，因而参合率也高得多，影响因素也相对较多。而对于不需要缴费的农村低保，则与个人收入水平等个体特征的关系不大，而与村庄各种特征变量的关系较大，常常受村庄特征的影响。

总体而言，影响因素较少的社会保障项目，减贫效果较好；而影响因素较多的项目，减贫效果较差。因此，在完善社会保障体系的应对策略上，对于缴费较多、兑现期较长的社会保障项目，由于不确定性因素较多，加强政策宣传能够增加农民对制度的理解，增强参保信心，提高参保率。而对于缴费较少或不需要缴费的社会保障项目，则需要加强上级监督，同时，需要调动广大农民参与积极性，达到监督制衡政策执行者的目的，减少政策执行偏差，提高政策绩效。可以说，凡是需要缴费的，且是自愿性质的、非强制性的社会保障项目，则宣传工作就比较重要；凡是不需要缴费而直接获得补助的选择式社会保障项目，上级检查、群众参与、社会监督就比较重要。就减贫效果而言，非缴费普惠式社会保障项目对老人的减贫效果最好。

为此，我们建议：对于非缴费项目最好的方式是引入第三方执行。发达国家的实践表明，决策、监管与实施三大环节的执行主体相互分离，是确保社会保障在各阶段有效运行的前提条件，任何两个环节执行主体的重叠都会导致制度整体运行的混乱与效率下降。[1] 决策主体如果参与监督管理，则丧失其应该保持的中立、理性立场，从而影响决策过程；管理主体如果参与实施，则难以确保监督的客观性和有效性。农村低保在实际执行中普遍存在瞄偏现象，就是因为决策主体、管理主体和实施主体重叠，利益一致，导致低保资源变成乡镇干部和村组干部的治理资源，扭曲低保政策，错保、漏保等导致瞄准偏误率居高不下。第三方执行的好处在于割断了监管者与执行者的利益关联，从而有效保障了政策执行的客观性和公平性，确保将所有低收入者纳入保障范围，真正实现应保尽保，提高社会保障制度的减贫效果。

---

① 郑功成：《中国社会保障改革与未来发展》，《中国人民大学学报》2010 年第 5 期，第 2—14 页。

第十章 主要问题与政策建议

农村留守老人由于子女外出而导致家庭养老支持不足，尽管近年来我国农村社会保障服务体系取得了长足进步，对保障农村留守老人的基本生活发挥了重要作用，但仍然有部分留守老人处在贫困之中，农村社会保障的减贫效果并不理想。综合上文分析可知，民族地区农村留守老人在生活各个方面仍然面临诸多突出困难，农村社会保障及其减贫作用也受多种因素制约，减贫效果不甚显著。因此，本章主要归纳总结农村留守老人生活面临的困难、农村社会保障服务体系及其在减贫效果上存在的主要问题，并在此基础上提出相应的对策建议。

一 主要问题

（一）留守老人生活方面面临的主要困难

一是贫困问题突出。按照年人均收入 2300 元的贫困线标准，根据问卷调查结果计算，西南三省民族地区农村留守老人的收入贫困发生率为 31.2%，多维贫困发生率为 41.2%。收入贫困率远远高于全国 60 岁以上老年人口贫困率（22.9%），也高于全国农村老年人口贫困率（28.9%）。农村留守老人与其他人口群体相比，显然是贫困弱势群体。需要注意的是，这里农村留守老人的收入计算包括各种社会保障项目的补贴。如果扣除社会保障收入，农村留守老人的收入贫困率将高达 47.9%，也就是说，将近一半的留守老人处于收入贫困状态，而多维贫困现象则更加突出。

二是看病贵，看病难。调查结果显示，有 29.0% 的农村留守老人表示自己不能承担自己的医药费用，有51.0%的表示勉强能够承担，只有20.0%的表示能够承担自己的医药费用。大多数留守老人认为他们目前的收入难以承担昂贵的医药费用，看病支出已经构成留守老人重要的支出项目。有21.0%的留守老人认为看病就医支出是他们当前的主要支出项目，同时有40.7%的留守老人认为其主要支出是食物支出。留守老人选择看病就医支出作为主要支出项目的比例，远高于选择生产性投入、人情交往、娱乐以及水电费等其他项目作为主要支出的比例。与此同时，看病难也是农村留守老人面临的主要困难之一。调查数据显示，有7.3%的留守老人在患重病的情况下也没有去医院看病，而8.8%的慢性病患者从未去医院看病。看病难的原因包括两个方面：①距离医院较远，看病不方便；②年老体弱、行动不便以及无人陪伴就医是看病过程中的最大障碍。看病难对留守老人的生命质量具有负面影响，老年人发病往往具有突然性，无人陪伴就医，抢救不及时，往往会造成难以挽回的后果。

三是家庭成员支持缺位。经济支持、生活照料和精神慰藉是老人生活的三个主要方面，在经济支持上，有21.2%的留守老人得不到子女的经济支持，当出现经济困难时，有10.3%的留守老人表示无法向任何人借钱，而向亲戚和邻居借钱的占比超过或接近了向子女借钱的占比。在生活照料方面，8.5%的留守老人表示得不到任何人照料，只能靠自己；39.6%的留守老人生病时由配偶照料，只有23.9%的留守老人得到子女照料，18.7%的留守老人由孙辈照料，有35.8%的留守老人生病时由邻居提供照料支持，还有29.3%和17.6%的留守老人分别由朋友和亲戚照料。可见，邻居和朋友提供的生活照料超过了其子女，家庭成员特别是子女在提供照料上存在缺位现象。在精神慰藉上，家庭成员仍然发挥主要作用。留守老人中64.4%选择子女、43.5%选择配偶为主要谈心解闷的对象，但主要限于未外出子女，对于外出子女，由于电话费贵，有28.4%的留守老人很少与外出子女电话联系，除非家里有大事商量才给子女打电话，平时一般不会主动联系子女。可见，外出子女在精神慰藉方面提供的支持较少，存在缺位现象。

四是劳动负担加重。本书发现，有31.5%的留守老人感觉劳动负担较重或很重。留守老人的劳动负担主要来自两个方面：责任田耕种负担和照顾孙辈负担。其中，在田地耕种方面，子女外出后，由留守老人自己耕种的高达38.4%。责任田由留守老人亲自耕种，由此增加留守老人劳动负担。在照顾孙辈方面，有64.2%的留守老人表示子女外出后他们需要帮助照看孙辈，且有62.8%的留守老人需要照看2个及以上孙辈。照顾孙辈的压力不仅来源于对孙辈的生活起居的照顾，还包括对孙辈的学习辅导和道德教育，担忧孙辈的前途等，后者往往成为留守老人的最大困难，隔代教育问题不仅导致劳动负担加重，而且导致其精神负担也加大。

（二）留守老人社会保障存在的问题

一是政策支持和管理上，缺乏针对留守老人的农村养老政策，相关配套政策支持不到位。主要体现在：大多数养老保障政策以全部农村老人为受益或服务对象，难以满足留守老人的特殊需求；缺少支持老年人口随着子女在城乡之间、地区之间自由迁移流动的政策；缺少支持家庭成员加强养老责任的政策。老龄事务行政管理体制存在多头管理。按目前行政体制安排，由于行政职能条块分割，管理多头，相互间相对封闭运行，这在一定程度上必然造成行政体制对市场机制动员社会资源能力的挤出效应，与目前我国社会转型期，利益主体多元、思想文化观念多样，市场和社会组织广泛发育的实际情况不相适应。同时，没有充分挖掘和调动农村社区养老资源，发挥各种基层组织的养老作用。如敬老院和村庄社区作为农村养老的重要服务平台，其对家庭养老的辅助和补充作用没有得到很好的发挥。大部分农村留守老人仍未享受到相关养老服务，农村社区养老服务站的覆盖范围有待扩大，提供服务的积极性有待加强。老年人维权、文化娱乐和社会参与等方面发展比较迅速，但活动比较单一。

二是在政策执行和实际效果上，基层政府和村干部对农村社会保障项目进行选择性宣传，导致农村留守老人对一些保障项目知晓度不高，参与率受到负面影响，农村所有社会保障项目加总对留守老人的覆盖面仅达86.2%，仍有13.8%的农村留守老人未享受任何社会保障支付。加上保障水平较低，最终导致只有38.6%的留守老人认为新农合对其生活具有明显帮助，23.5%的认为新农保对其生活帮助较大，19.0%的认为农村低保对其生活帮助较大。许多留守老人认为现行社会保障对其生活帮助不大。留守老人每年的社会保障受益水平在1000元以下（即每月不足100元）的比例高达64.0%。同时，对于选择性保障项目也存在较大比例的瞄准偏误的情况。总的来看，当前农村社会保障的突出问题是保障水平较低、瞄准精度不高。就农村低保而言，由于存在名额限制，还存在覆盖面较窄的问题。

（三）农村社会保障在减贫上存在的问题

一是减贫效果不理想。贫困留守老人中获得社会保障支付并脱贫的仅占34.7%，而有55.8%的留守老人虽然获得社会保障支付，但仍未实现脱贫，同时，仍有9.5%的贫困留守老人未获得任何社会保障支付。也就是说，尽管大多数农村留守老人能够获得社会保障支付，但农村社会保障仅能够让1/3左右的留守老人脱贫，而2/3的留守老人仍然生活在贫困之中。说明当前民族地区农村社会保障的减贫效果并不理想。

二是减贫效果不理想既有社会保障制度设计缺陷方面的原因，也有个人家庭因素对减贫效果的影响，还有村庄环境和行政推进力量的制约。从社会保障制度缺陷方面来看，尽管新农保已初步具有一定普惠性质，但由于保障水平较低，减贫效果受到很大制约；新农合实际是对农村留守老人因患病而损失的收入进行补偿的一种制度安排，这种经济补偿只能针对留守老人的疾病风险成为事实的情况，以及由此引致收入减少的对象，因此其保护范围较为有限，对总人口或留守老人总体的减贫作用注定不会很强。农村低保则由于其对目标对象的选择性，执行过程的利益博弈等问题，导致其瞄准机制存在较大缺陷，减贫效果自然大打折扣。对于农村低保以外的社会救助项目的减贫作用而言，其与常态化运作的农村三项主要社会保障制度明显不同，许多社会救助制度本身是一种应景性的非制度化的政策举措，其救助的可持续性、长久性存在诸多不确定性，执行过程也容易出现瞄偏现象，且覆盖范围狭窄，进而导致各种社会救助项目的减贫效果微乎其微。

三是从回归分析结果来看，留守老人的个人收入、外出子女的经济支持、年龄、健康、文化程度等方面对其收入贫困具有独立性影响。留守老人的多维贫困受到的影响因素更多，表明减少多维贫困的难度更大。与此同时，村庄环境、行政强度变量也会对减贫效果产生影响，且对于不同的社会保障项目，影响因素存在一定差异。总体而言，收入再分配功能越强的保障项目，参与积极性越高，影响因素越多，村庄层面特征的影响越强，社会保障的减贫效果受到的影响越大；承诺兑现期越短的保障项目，参与积极性越高，影响因素越多，村庄层面特征的影响越强，社会保障的减贫效果受到的影响越大；缴费越少，参与积极性越高的保障项目，影响因素越多，村庄层面特征的影响越强，社会保障的减贫效果受到的影响越大。表明社会保障制度设计还应充分考虑不同保障项目的特征。

二　政策建议

从留守老人生活状况、社会保障与贫困状况，以及社会保障的减贫效果存在的问题来看，农村养老保险、医疗保险、社会救助、养老服务和社会支持等方面对留守老人的生活状况及其贫困状况都有重要影响。为实现 2020 年建成全面小康社会，使农村留守老人脱离贫困状态，保障基本生活水平，建立资金来源多渠道、保障项目多层次、服务主体多元化的农村社会养老保障服务体系将成为必然选择。为此，我们建议从以下几个方面建立和完善农村社会保障服务体系：

（一）加大政府财政资金投入，加强政策引导吸引社会资金

社会保障的财政投入要考虑两个方面的平衡：一是地区之间平衡；二是人群之间平衡。对于地区平衡，应通过建立和完善具有普惠性质的社会保障项目，加大中央财政负担比重来实现。比如对于新农保、新农合保险资金，中央财政应承担大部分资金，还应特别向贫困地区倾斜。对于人群平衡，应通过选择性保障项目来实现，包括农村

低保在内的社会救助，基层政府应承担财政投入资金的较大比重。这样，不仅使得财政投入具有弹性，也更能针对不同贫困人群的具体需求灵活调整帮扶重点。加大政府财政养老资金投入的同时，还应注意引导吸引社会资金。具体做法如下：

1. 重塑养老服务组织的筹融资体系

目前农村社会保障筹资主要以县级为统筹单位，而县级产业结构以农业产业为主，然后依次为第二产业和第三产业。这种"123"式的产业结构要求全县及县级以下政府必然要以为农业生产和农村经济社会发展提供政府指导和公共服务为主要任务。县级税源以乡镇产业和农副产品加工经营为基础，上级财政转移支付按固定核算划拨，财政余留不足甚至欠账，尤其是1994年分税制改革以后，中央财权上收，事权下放，县级财政拮据，农村、农业、农民自积累不足，以经济建设为中心而忽略公共产品供给自然也成为县及县以下各级政府的必然选择。受此影响，县级政府与社会发展相关的设施建设筹措乏力，为社会提供公共服务的职能弱化，使农村公共物品供给陷入"集体行动的困境"。因此，为突破困境，打破传统体制条块分割的格局，需要重塑农村公共服务体系，构建政府组织、市场运作、社会参与的新型农村老人养老保障服务组织筹融资体系，并按照行政职能整体转移，经营职能走向市场、公益服务职能面向社会的原则建设农村老人养老保障服务体系，解决资金投入不足问题。

2. 制定和落实相关优惠政策引导社会资金参与

鼓励农业观光生态园区、农业种植园、种植基地、旅游生态保护区在符合农村养老安全健康要求的条件下，根据自身条件开办特色养老保障服务经营性活动。借助现代农业自身生态优势开办养老服务机构的，凡设置专门床位或场地解决农村养老和留守老人给养的，在土地利用、资金投入、税收减免等方面给予适当优惠和减免。

3. 拓宽留守老人经济支持渠道

通过建立社会保障体系、金融机构、慈善机构等与社会各类养老服务机构和老年人之间高效畅通的资金流通渠道网络，保障养老服务消费的资金供给。近年新农保和新农合制度创新，按照个人缴费、集体补助、政府补贴相结合方式建立起来的新型农村社会保障制度，以县为统筹单位，导致统筹层次过低，统筹资金积累过多依赖于县级经济社会发展水平、人口数量及其结构。劳动力输出大县由于劳动年龄人口大量流出，个人缴费不足，带来资金储蓄不足，给养老保障服务体系建设带来较大困难。因此，一方面需要提高农村社会养老保障筹资的统筹层次，解决地区之间农村社会养老保障发展不均衡问题；另一方面需要提高对农村留守老人、高龄、失能等弱势老人群体的养老保障补助水平，增加保障项目。同时，应努力转变农业发展方式，解决"老年农业"问题，并提高自养能力。探索土地入股、转让或承租等多种经营方式，促进土地流转和规模经营，提高土地产出效能。让老人能够分取红利，"以地养老"，同时减轻留守老人繁重的体力劳动。依托科技进步逐步改变农村种养殖结构，因地制宜发展种植、养殖、畜牧等科技农业项目，增加留守老人收入，提高他们的自养能力。

（二）加强管理机构的组织建设，形成良性运行机制

当前，农村留守老人保障服务体系建设涉及的内容较多，保障服务提供主体责任不明、定位不清，相关优惠政策落实不到位，多元投资主体的格局还未形成，相应的管理制度还不规范。为此，农村留守老人社会保障服务体系建设，首先要理顺各个管理层级的相互关系，明确各个管理层级的责任，促进组织结构合理化。其次要增强各级管理机构的协调能力，落实相关优惠政策，才能吸引社会资金，最终形成投资主体多元化格局。最后要制定相应的制度，规范管理行为，形成长期稳定的养老保障服务运行保障体系。如此，最终才能整合分散的多层次的养老资源，培育形成机构服务、专业家庭服务、社区服务和养老关联产业互动融合的养老社会化、产业化网链，提高养老保障服务效能和服务质量。

1. 组织模式

针对行政体制上的多头管理问题以及组织结构中上下级封闭运行的状况，为构建农村留守老人新型服务体系，需要充分整合政府、社会、市场的力量，形成合力，实现农村老人组织模式的网络化发展。

根据现阶段西南民族地区农村实际情况，农村留守老人养老保障服务体系建设，应由省财政、民政、社保、扶贫等多家机构搭建公共政策服务平台，省老龄办作为第三方组织承担决策、指挥、监督职能，各层级老龄行政管理机构按照各自归属进行协调控制模式运行。

2. 职能划分

农村留守老人服务体系建设中的行政组织，主要发挥制度建设、政策引导、过程管控、裁决奖惩等功能。其中，制度建设主要包括对农村留守老人养老保障服务体系的统筹规划、管理体系设计与绩效考评制度等，为农村留守老人养老服务体系建设提供更加公平、公开、公正的制度环境。政策引导包括面向市场、社会及个人的激励政策的制定，创建良好的激励机制，鼓励社会公益组织、企业、个人为农村留守老人养老提供公益服务。服务组织主要为农村留守老人提供生活照料、医疗康复、文化娱乐等养老服务功能。明确现有农村各养老机构所应承担留守老人养老的责任和义务，负责留守老人经济人口信息的收集，报上级部门汇总作为决策参考，并将上述工作作为年度绩效考评的重要依据。

3. 资源配置

通过制度建设形成省、市、县、乡、村五级管、控、带的制度体系，并逐渐形成政府引导、多元投资主体参与的留守老人服务组织结构及其框架。对各管理层级所形成的组织结构进行合理定位，明确其应承担的责任和义务。按不同投入主体划分公共型、公益型、营利型留守老人组织模式，搭建相应组织架构。按运营自主、政府监督、社会选择的原则，建立奖惩激励机制，通过优胜劣汰优化农村留守老人服务体系资源配置。充分发挥市场资源配置的基础性作用，通过统筹规划、搭建平台、出台相关鼓励性政策为养老服务主体，尤其是外出务工回乡开办留守老人服务机构的人员和组织，营造动员支持、宽松进入、评价公平的竞争环境。

4. 运行机制

理顺农村养老服务运行机制，鼓励社会兴办农村留守老人养老机构，收养政府供养对象，通过服务收费、慈善捐赠、政府补贴实现资源共享，责任共担。按照经营主体责任制的方式建立绩效评价制度，确保农村留守老人服务体系的可持续发展。通过公办民营、公助民办、民办公助、民办等多种形式推进农村留守老人服务网络的广泛发展，鼓励社会专业养老服务机构向农村留守老人服务机构输出管理服务团队，开展有偿培训指导。鼓励通过收购、兼并、合作等方式，实现农村留守老人服务机构的规模化、专业化、连锁化发展，加快农村留守老人服务机构的网络化建设。

5. 考核评估机制

考核评估机制包括两个方面：一是对养老对象的评估。对申请居家养老、机构养老服务、领取养老护理和服务补贴的 60 周岁以上农村留守老人进行评估。评估内容主要包括 5 个方面，即对老人的身份特征、经济状况、居住状况、能力状况和养老服务意愿等方面进行评估，以确定老人的失能程度，从而确定补贴的种类、级别以及日后给予的护理类型、享受的优惠服务等。将评估结果作为留守老人入住养老机构、享受养老服务补贴的依据，将相关信息录入养老服务信息系统。二是对养老提供者的评估。包括对管理机构的管理能力、管理效率、管理质量等进行评估和对服务人员的服务态度、服务效果、服务质量等进行评估。同时，为了避免受相互利益影响，应积极培育民间的第三方评估队伍，建立社会化评估运行机制。

（三）完善农村老人养老保障服务体系，消除留守老人的贫困问题

1. 完善农村养老保障服务体系，保障留守老人"老有所养"

一是完善农村老年社会养老保障体系建设。政府养老保障体系是弥补留守老人家庭养老资源不足、解决留守老人老有所养的重要制度性保障。农村养老保障体系要认真贯彻"保基本、全覆盖、多层次、可持续"的原则，在努力实现城乡居民基本社会养老保险全覆盖的基础上，对 60 岁及以上的老年人实行普惠性支付，并逐步提高基本养老金水平。对未享受基本养老保险的农村留守老人，各地要给予政策倾斜，确保农村留守老人人人享受基本养老保险，保障他们的基本生活。二是完善社会救助尤其是农村低保制度。对生活仍然存在实际困难的留守老人，实施生活救助。农村低保要严格执行民主评议制度、

三榜公示等环节，增加透明度，减少暗箱操作，提高瞄准精度。三是加快推进农村养老保障服务体系建设。为适应当前农村人口老龄化和留守老人不断增加的发展趋势，农村留守老人养老保障服务体系以空巢、独居、高龄、失能和低收入老龄人口为重点，面向所有留守老人及有需求的非留守老人，提供各层次、各类服务内容不同的养老保障服务项目，形成社区养老、居家养老和机构养老互为补充的养老保障服务体系，推动农村留守老人养老保障服务网络的初步形成，有效解决农村留守老人的养老服务需求，填补由于子女外出而导致的家庭养老保障服务支持缺位。到 2020 年基本形成制度完善、组织健全、规模适度、运营良好、服务优良、监管到位、可持续发展的农村留守老人养老保障服务体系。

农村养老保障服务体系建设的总体构想是：按照省、市、县、乡、村五级机构建立纵向和横向的服务网络体系。通过调研确定不同区域建设服务体系、机构及网点建设的合理布局。其中，政策法规体系按直线职能结构形成委托代理网络，提高政策法规的执行效率。服务机构网络按农村留守老人需求及服务半径形成各服务网点之间的横向网络结构。探讨由中心城市发展连锁服务机构的网络形式，探讨机构养老、社区养老、居家养老、个人自主养老的信息互通、经验共享、互帮互助的网络结构。以县级城市或社区为重点，搭建公共服务平台，加强各类养老机构及养老模式的相互连接，促进农村留守老人养老服务体系及组织模式的有效运行。其中：

社区养老：社区养老着重为留守老人提供社区日间照料和居家养老支持两类服务功能，主要面向家庭日间暂时无人或者无力照护的农村留守老人，为他们提供日间照料、短期托养、配餐、紧急援助等服务。农村留守老人社区养老服务体系建设，应结合城镇化发展和新农村建设，以乡镇敬老院为基础，建设日间照料和短期托养的养老床位，并逐步向区域性养老服务中心转变。村级社区养老，以建制村和较大自然村为基点，依托村民自治和集体经济，以老年协会、老人活动中心、互助幸福院等养老设施建设为重点，推进村级互助养老新模式发展和综合服务设施建设，增强养老服务功能。

居家养老：重点改善留守老人居家养老环境，健全居家养老服务支持体系。在建设老年协会、老人活动中心、互助幸福院等养老设施的基础上，强化以上养老机构或设施对留守老人养老服务的责任，明确其对身体状况较好、生活基本能自理的留守老人的生活照料、家政服务、康复护理、医疗保健、精神慰藉等职能。为生活不能自理的高龄、失能或半失能留守老人提供家务劳动、家庭保健、辅具配置、送饭上门、紧急呼叫和安全援助等服务。

机构养老：机构养老要以为县域或省外劳动年龄流动人口解决后顾之忧为着眼点，按照为留守老人提供专门服务的要求，推进供养型、养护型、医护型养老设施建设，加大资金投入力度，提高养老服务质量，提高养老机构的床位利用率。各县级城市至少建立一处以收养留守老人为主的老年养护设施，在市和省级层面，养老机构应利用自身资源优势，培训和指导社区养老服务组织和人员，为居家养老服务发挥示范、辐射、带动作用。

2. 完善农村社会医疗保障制度，保障留守老人"老有所医"

完善农村医疗保险和医疗救助制度。逐步提高新型农村合作医疗门诊、住院费报销比例以及大病医疗报销金额。对未参加新农合的农村留守老人，基本医疗保险所需个人缴费部分应由政府给予补贴，将农村留守老人全部纳入新农合医保制度。对因病致贫和因病返贫的留守老人，切实开展医疗救助，避免留守老人因病陷入贫困。同时加强农村医疗机构建设，在全省普遍建立规模适当、设施配套的村级卫生室，并配备必要的医务人员，不断满足和方便农村留守人员就近就医，保障他们的基本医疗需求。医疗保障是留守老人反映最为集中的问题，医疗保障水平的高低主要反映在医疗设施和技术水平、医疗保险的保障水平和医疗可及性问题三个方面。为解决留守老人的"老有所医"问题，应从以下方面着手：

一是加强医疗设施建设及提高医疗技术水平。第一，整合农村医疗卫生资源，探索"医养结合"模式。合理布局医疗机构，改善农村医疗卫生条件，加强农村医疗可及性建设，增加留守老人就医频率，提高就医治疗人次。将乡镇医院与敬老院结合为一体，既解决乡镇卫生院就医人次较少的问题，又满足老人对医疗服务的迫切需求，更好地保障留守老人的身心健康。第二，加强对疾病的预防与控制。针对农村留守老人体弱多病的生理特点，各级政府应根据当地情况完善机制，落实责任，切实加大疾病预防与控制工作力度，严格监督执行情况，确保农村留守老人在疾病预防与控制方面达到理想效果，减少病症传染，把疾病传播控制在源头。第三，加大村级医疗设施与医疗技术建设。建立和完善村级卫生服务网络，支持农村卫生室建设，为留守老人建立健康档案，并提供有针对性的预防、诊断、治疗和康复的一系列服务，减少其到医院治病的不便，提高医疗可及性。

二是提高医疗保险制度的保障水平。首先要提高新农合保障水平；其次要完善大病医疗保险制度。这对提高留守老人的就医决策和就医行为，抑制"因病致贫、因病返贫"现象具有重要作用。具体途径包括：①提高新农合的统筹层次，实现省级统筹。通过省级统筹解决当前贵州新农合资金使用效率较低，难以在地区之间相互调剂使用的弊端，消除由于地方财政差异及投入差异造成的各地新农合补助存在的差异。同时可以提高新农合资金使用效率，适当提高留守老人的医疗补助标准。②加大省级财政资金投入。在实现省级统筹之后，新农合资金统一由省级财政投入，覆盖范围广、资金量大，对完善大病医疗保险制度具有促进作用，对统一提高新农合补助标准也有助益。③应出台政策明确规定在医疗机构，包括养老机构配备的医疗机构所发生的医疗费用，可按照公费医疗或医疗保险的有关规定处理。同时，卫生主管部门还应统一做出老人医疗统筹可以凭收费单据给予报销的规定，解决老人在非定点机构就医的医药费报销问题。

三是解决留守老人的就医陪伴困难。子女外出后，农村留守老人往往出现无人陪伴就医的情况。针对这种情况，当地政府与村级组织可以依托老年协会、老人活动中心、互助幸福院等机构提供相应服务，有需要的留守老人可购买就医陪伴服务，政府可补贴或者由留守老人或其子女共同支付该项服务费用，并且可以提供多样化的服务，由老人或其家人自主选择陪伴类型。加上完善村级卫生室的设施和提高村级医务人员技术水平的相关政策，共同解决留守老人的就医困难。

（四）加强留守老人的社会支持，弥补家庭养老的不足

1. 加强家庭成员尤其是子女的养老责任和义务

当前，家庭养老仍然是我国的主要养老形式，老年人养老主要依靠家庭。在农村签订《家庭赡养协议书》，是预防和减少家庭纠纷，保障老年人基本生活的一项重要措施。要求留守老人与外出子女签订协议，按月支付供养费；要求未外出子女探望老人，照顾老人。各地要强化家庭赡养意识，尤其是农村留守老人家庭，子女常年在外，平时联系少，养老意识越来越淡薄。因此，在子女外出务工前，农村基层组织和老年组织要积极倡导被赡养人与赡养人之间签订《家庭赡养协议书》，明确赡养责任和养老标准，进一步规范家庭养老行为，巩固家庭保障功能，确保农村留守老人的合法权益和基本生活。同时，要加强《老年人权益保障法》的宣传教育，使年轻人懂得赡养老年人是法律赋予的责任，既是一种美德，又是一种义务。同时，出台相关配套政策支持家庭养老，养老政策要适当考虑家庭取向，将留守老人重新安放到家庭中。既然农村留守老人问题是由于子女外出引起的，就应该考虑增强家庭养老功能。一方面要改革户籍制度，特别是剥离与户籍挂钩的卫生、住房、社保等相关制度，消除城乡之间、地区之间的流动障碍，使农村老人能够跟随子女迁入城镇，将有助于解决农村留守老人问题。另一方面增加对留守老人子女的津贴补助和节假日支持，以及更为宽松的请假制度，让外出子女能够有更多时间回家照顾老人。

2. 构建和完善留守老人社会支持系统，填补家庭养老支持缺位

首先，搭建养老服务网络平台。农村社区要以闲置的乡镇旧办公室、村学校，并依托乡镇敬老院、村级组织活动场所等现有设施资源建设重要的养老服务阵地，整合政府、社会组织、社区邻里和家庭成员，构建关爱服务网络，建立集院舍住养的居家养老和社区照料等多种功能于一体的老年服务中心（站），为农村留守老人提供就近便利的、多方面的服务。

其次，建立农村留守老人的联系制度。关爱农村留守老人，必须在村支"两委"的领导和组织下，做到老年人有人管、老年人的事有

人去做。充分发挥党员干部、老年协会、妇联组织、邻里乡亲的作用，加强与留守老人的联系，重点关注、关怀留守老人中的独居、高龄、贫困老年人。要积极开展"手拉手""结对子"活动，对留守老人要明确专人负责，了解和掌握他们的情况，为他们办实事、解难题、献爱心。建立联系制度重点体现在三个方面：一是子女与留守老人的联系。子女应做到常回家看看，平时要定期或不定期与老年人保持电话联系，从精神上关心、安慰留守老人，使其心理上得到满足。二是党员干部、老年协会、妇联组织、村民小组等与留守老人的联系。要定期上门走访，避免出现老年人在家发生意外无人知晓。三是村干部与留守老人子女的联系。村干部要与留守老人子女保持经常性的联系，对他们的工作单位、联系电话等信息要登记在册，随时督促子女对老年人的关心，并及时将老年人的情况告知子女，做到互相沟通，互通信息，确保留守老人安度晚年。

再次，加快养老服务队伍建设。要进一步加强基层老龄工作机构建设，建立健全县（市、区）、乡镇、村老龄工作组织，形成三级老龄工作网络，特别是农村老年协会，对于关爱农村留守老人将起到重要的作用。农村老年协会是基层老龄工作的重要载体，在加强基层老龄工作，丰富老年人精神文化生活，维护老年人合法权益，团结和带领老年人参与基层文明建设等方面发挥着重要的作用。因此，各地要继续推进农村老年协会建设，完善工作制度，充分发挥其作用，使之成为开展关爱农村留守老人工作的一支重要力量。老年协会应通过开展留守老人状况调查，对辖区内留守老人的家庭情况、生活现状、精神状态及子女务工状况等进行分类梳理，建立个人档案和联系卡，实行动态管理。要发动妇联组织及社区人员、志愿者等为留守老人提供关爱服务行动。

最后，开展养老关爱服务活动。尝试推行"赡养代理制"，在政府主导下，由社区成员或志愿者与留守老人子女签约，代理外出子女履行赡养职责，政府给予收入补贴，代理者为留守老人提供各种生活帮助，在生活照料、精神慰藉上起到对外出子女的补位作用。要大力开展"孝亲敬老"和"敬老好儿女""敬老好媳婿"等评选表彰活动，努力形成法制教育和道德教育相结合的机制。

（五）丰富精神文化娱乐生活，让留守老人"老有所乐"

由于子女外出，留守老人不但自己得不到子女提供的生活照料，还变成了照料提供者。实际上，子女的生活照料蕴含着精神慰藉功能，然而空间隔离不但阻碍子女提供生活照料，同时还降低了留守老人获得情感慰藉的可及性与可得性，因而子女外出还会使得农村留守老人的精神需求满足受到负面影响。因此，需要积极发展农村基层老年组织，调动老人参与村组活动的积极性和创新性，丰富留守老人的精神文化娱乐生活。通过"老有所为""老有所学"的途径，达到"老有所乐"的精神境界。

1. 加大资金投入建设村级文化娱乐设施

活动场所是丰富留守老人精神文化生活的必要条件。在新农村建设中，应注意村组活动场所尤其是老人活动场所的建设。一是尽量考虑在村组住宅中间建设一处开放式活动广场。二是在村委办公场所、幸福院或居家服务中心开辟老人活动室，资金来源由政府资助。为留守老人乃至全村老人留出活动和交往空间。

2. 建立和发展村级基层老年组织和老年团体

各种老年组织和团体是留守老人社会参与的重要载体，而社会参与则是解决留守老人精神慰藉缺乏的重要途径。政府和村集体应提供组建资金，大力建设村级基层老年协会、老年志愿组织和各种老年文体团体。在村落社区层面组织动员熟人网络为留守老人提供精神慰藉支持，增强留守老人的归属感，降低其孤独感和无助感。同时发挥基层组织和团体在重构子代责任伦理中的重要作用，重塑孝文化的功能，加强子女对留守老人的情感慰藉。

3. 拓宽留守老人参与社会的途径

社会参与是老年人的一种需要，更是一项权利。社会参与是老年人"老有所为"、实现自我的一种途径，也是留守老人保持和扩大人际交往的一种方式。老年人的社会参与是对传统养老模式的有益补充，是丰富老人晚年生活、提高生命质量的重要措施。政府部门及基层老年组织应广泛推广"积极老龄化"理念。依托老年协会、互助幸福院等，动员农村社会组织和团体尤其是老年人自己的组织和团体，以及留守老人个人，鼓励留守老人自主开发和创新文化娱乐项目，使得当地老年人能够欣赏，愿意参与活动项目，既丰富老年人的精神文化生活，又能在参与社会活动中不断学习，达到"老有所学"的目的。同时鼓励社会上的公共文化机构、文化活动中心考虑留守老人的文化需求，使留守老人有领导、有组织、有计划地参与某些文化项目的建设和活动，让留守老人能够发挥余热，实现自我价值。这也是提升留守老人精神慰藉的重要方面。

（六）整合法律服务资源，保障留守老人的合法权益

老年人的合法权益容易受到损害的原因：一是法制观念淡薄，观念陈旧。有的不知道自己享有哪些合法权益，更不懂得如何去维护自己的权益。二是顾及子女声誉，忍气吞声。当合法权益受到侵害时，多数不愿意诉诸法律，怕家丑外扬而忍气吞声。三是老人不能承担相应的诉讼费用。由于当前农村留守老人经济收入有限，不能承担相关诉讼费用而放弃申诉，任由侵害行为发生和延续。四是申诉渠道不畅。有关部门合作配合不够，没有形成合力，致使有的老年人合法权益受到侵害后投诉无门。因此，各地、各单位、各部门党政领导中要有人分管，把维护老年人合法权益工作纳入议事日程，列入工作目标管理。同时加强以下两方面建设：

（1）建立健全老人权益保障组织网络。各乡镇建立老年法律援助工作站，各行政村依托老年协会、互助幸福院或养老服务站等，设立老年维权工作接待处，偏远的村组配备老年维权联络员，明确将留守老人作为法律援助的重点对象。村级老年维权工作接待处建立老人来信来访登记接待制度，规定每周2—3天为老年维权工作接待日。同时建立指派专人办理、督办、回访、考核和对病残留守老人上门服务等制度，提高服务质量和维权效果。建立老年维权电话咨询网络，老人遇到法律问题，只要拨打维权专线电话，就能了解到相关法律法规和政策规定，得到满意答复。还可开展上门服务为行动不便的留守老人提供及时的法律服务。整合法律服务资源，建立留守老人公益诉讼制度，拨专款成立为老诉讼基金。为因经济困难无力支付法律服务费

用的老人免费提起诉讼，还可向法律援助机构申请无偿法律援助。

（2）增强老人权益保障的法律意识。对侵害老人合法权益的行为，必须在道德上、法律上给予谴责和制裁。政府和相关组织应帮助留守老人了解依法维权知识，广泛开展法制宣传，增强老人依法维护自身合法权益的主体意识，引导民众树立依法保障老人权益的法律意识。鼓励老人在自身权益受到侵害时，主动及时向当地老年维权工作机构反映。加强文化道德宣传教育，大力弘扬尊老敬老的中华民族传统，增强人们的尊老敬老意识，努力在全社会形成尊老、敬老的良好社会风气，形成对留守老人权益最直接有效的保障。进一步明确村两委和老年协会等基层组织在维护老人合法权益方面的职责，发挥这些组织的调解功能。运用调解的方式将纠纷解决在萌芽状态，既避免严重侵权事件的发生，也解决了老年人的诉讼之苦，还保护了老人的家庭关系，为子女赡养留余地。

附　录

一　农村留守老人社会保障与贫困状况调查问卷

（个人/家庭问卷）

填写说明：

（1）本调查问卷所有题目如无特殊说明均为单选题；

（2）请根据题目在您选择的序号上或在相应的"□"处打"√"；

（3）如果题目为＿＿＿方式，请在对应的＿＿＿＿里填写具体内容。

＿＿＿＿省＿＿＿＿地区（市）＿＿＿＿县（市）＿＿＿＿乡、镇＿＿＿＿村

1. 社会人口特征

1.1 性别：　①男；②女

1.2 年龄：＿＿＿＿岁

1.3 民族：＿＿＿＿族

1.4 被调查人是否户主：①是；②否

1.5 文化程度：①文盲；②小学；③初中；④高中和中专；⑤大专及以上

1.6 婚姻状况：①未婚；②离婚；③丧偶；④在婚

1.7 您目前主要做什么：①务农；②兼业（务农＋石匠、木匠、医生等）；③打零工、做小买卖；④做家务；⑤照看孙辈；⑥无劳动

能力；⑦有劳动能力，但不做事；⑧退休，在家休息；⑨其他_____

1.8 您目前是否还下地干活？ ①是；②否

1.9 您自己目前的主要生活来源？（仅选一个）：①外出子女（家庭）支持；②未外出子女（家庭）支持；③老伴支持；④其他家人支持；⑤自己劳动所得；⑥自己的退休金；⑦社会保障；⑧积蓄；⑨村集体支持；⑩其他_____

1.10 您自己去年总收入是多少？_____元（可计为稻谷、白米、玉米等多少斤）

1.10.1 子女给多少钱？_____元（可计为稻谷、白米、玉米等多少斤）

1.10.2 自己劳动收入_____元（可计为稻谷、白米、玉米等多少斤）

1.10.3 社会保障收入_____元（写明养老保险或低保，年、季、月）

1.10.4 其他收入_____元（可计为稻谷、白米、玉米等多少斤）

1.11 您自己目前主要支出是哪方面？（仅选一个）①食物；②衣物；③抽烟喝酒、赌博等；④化肥、农药等农业生产投入；⑤人情交往；⑥水电、电视费；⑦子女或孙辈教育费；⑧看病就医；⑨其他_____

1.12 您目前的居住安排是：①独居；②与配偶居住；③与子女（孙辈）居住；④仅与孙辈居住；⑤与其他亲属居住；⑥轮流吃饭；⑦其他_____

1.13 您家共同生活的有几人（包括被访者和外出子女）：_____人

1.14 您的疾病及医疗状况：

1.14.1 近3年是否有重大疾病或残疾：①有；②无

1.14.2 目前是否有慢性病：①有；②无

1.14.3 是否看过医生：①是；②否

1.14.4 是否能够负担医药费：①能；②勉强；③不能

1.15 是否有同住或同村子女外出？（包括打工、学习、工作、做生意等）①有；②没有

如果有：

1.15.1 您是否跟外出子女共同生活？①是；②否

1.15.2 跟您同住的子女是否全部外出？①是；②否

1.15.3 子女外出距离：①本乡镇；②本县；③本地区；④本省；⑤外省

1.15.4 外出子女多久回来一次_____（近两年平均）

1.15.5 子女外出后，耕地如何安排？①未外出子女耕种；②留守老人耕种；③雇人耕种；④租给他人耕种；⑤土地全部被征用；⑥其他_____

1.15.6 子女外出是否增加家庭收入？①增加；②不增加；③减少；④不知道

1.15.7 外出子女在外面过得好不好？①不好；②一般；③好；④不清楚

1.15.8 您是否支持子女外出？①支持；②不支持；③由不得我；④不好说

1.15.9 外出子女是否给您钱？①给（金额____元）；②不给（什么原因？_____）

1.15.10 外出子女给您钱是为了让您用于哪个方面？①日常生活；②农业生产；③看病就医；④人情开支；⑤支付子女或孙辈教育费用；⑥支付子女或孙辈的生活费用；⑦其他方面_____；⑧没有明确说明

1.15.11 外出子女给您的钱您是否满意？①很不满意；②不满意；③一般；④满意；⑤很满意

1.16 您目前是否还给子女钱？（包括外出子女）①给；②不给

1.16.1 您给子女钱主要原因？①子女生活困难；②子女看病就医；③子女残疾；④正在上学；⑤结婚费用；⑥建房费用；⑦其他方面_____

1.17 您现在是否照看孙辈？　　①是；②否

1.17.1 照看几个孙辈？_____个孩子。

1.17.2 照看孙辈是否增加您的负担？①增加；②不增加；③反而是一种乐趣；④不好说

1.18 请您对下列项目进行评分：

询问内容	评　分	说　明
您的劳动能力强弱	1　2　3　4　5	1 能力弱……5 能力强
劳动负担重不重	1　2　3　4　5	1 负担轻……5 负担重
是否经常跟外出子女联系	1　2　3　4　5	1 从不联系……5 每周一次
子女孝顺程度	1　2　3　4　5	1 不孝顺……5 很孝顺
平时是否感觉无聊	1　2　3　4　5	1 从不无聊……5 经常无聊
听懂普通话程度	1　2　3　4　5	1 完全听不懂…… 5 完全听得懂
身体情况（调查员判断）	1　2　3　4　5	1 很差……5 很好
精神状态（调查员判断）	1　2　3　4　5	1 很差……5 很好

1.19 您在下列需求中常常能够得到谁的帮助？（可多选）

	无人	配偶	子女	孙辈	邻居	朋友	亲戚	村干部	政府	不需要
借钱借物										
赠予财物										
商量大事										
解决矛盾										
搬重物										
生病照顾										
谈心解闷										
养老靠谁										
赶集购物										
做家务										

2. 社会保障状况

您享有下列社会保障项目的情况：

社会保障项目	村干部是否宣传	知晓程度	您是否享有	该项收入对您帮助大小
农村养老保险	①是；②否；③不清楚	1 2 3 4 5	①是（每月：＿元）②否（原因：＿）	①大；②一般；③小；④无帮助；⑤不清楚
农村医疗保险	①是；②否；③不清楚	1 2 3 4 5	①是（曾经报销＿元）②否（原因：＿）	①大；②一般；③小；④无帮助；⑤不清楚
农村低保（困难户）	①是；②否；③不清楚	1 2 3 4 5	①是（每月：＿元）②否（原因：＿）	①大；②一般；③小；④无帮助；⑤不清楚
农村"五保"户（无子女老人）	①是；②否；③不清楚	1 2 3 4 5	①是（每月：＿元）②否（原因：＿）	①大；②一般；③小；④无帮助；⑤不清楚
优抚安置（退役军人）	①是；②否；③不清楚	1 2 3 4 5	①是（每月：＿元）②否（原因：＿）	①大；②一般；③小；④无帮助；⑤不清楚
独生子女补贴（独生子女家庭）	①是；②否；③不清楚	1 2 3 4 5	①是（每月：＿元）②否（原因：＿）	①大；②一般；③小；④无帮助；⑤不清楚
双女结扎户补贴（双女家庭）	①是；②否；③不清楚	1 2 3 4 5	①是（每月：＿元）②否（原因：＿）	①大；②一般；③小；④无帮助；⑤不清楚
高龄、护理补贴（80岁以上或残疾）	①是；②否；③不清楚	1 2 3 4 5	①是（每月：＿元）②否（原因：＿）	①大；②一般；③小；④无帮助；⑤不清楚
医疗救助（重大疾病）	①是；②否；③不清楚	1 2 3 4 5	①是（曾经补助＿元）②否（原因：＿）	①大；②一般；③小；④无帮助；⑤不清楚

续表

社会保障项目	村干部是否宣传	知晓程度	您是否享有	该项收入对您帮助大小
灾害救助（受灾村庄）	①是；②否；③不清楚	1 2 3 4 5	①是（曾经救助__元）②否（原因：___）	①大；②一般；③小；④无帮助；⑤不清楚
扶贫项目补助（贫困村）	①是；②否；③不清楚	1 2 3 4 5	①是（从中得到__元）②否（原因：___）	①大；②一般；③小；④无帮助；⑤不清楚
商业保险	—	—	①是（每月：___元）②否（原因：___）	①大；②一般；③小；④无帮助；⑤不清楚
退休金	—	—	①是（每月：___元）②否（原因：___）	①大；②一般；③小；④无帮助；⑤不清楚

3. 贫困状况

请根据提问对下面的贫困维度进行评分：

测量指标	测量维度	提问内容	评分
收入	年收入层级	跟周围人相比，您家的收入算贫穷还是富裕	-2 -1 0 1 2
	收入稳定性	您每年（每月）的收入稳定吗	-2 -1 0 1 2
健康	健康状况	您现在的健康状况如何	-2 -1 0 1 2
	自理能力	您目前生活能够自理吗	-2 -1 0 1 2
住房	宽敞程度	您现在的住房宽敞吗	-2 -1 0 1 2
	住房设施	住房生活方便程度（是否有厕所、洗澡间、电视、洗衣机等）	-2 -1 0 1 2
社会关系	人情往来多少	村里的红白喜事，您被邀请的次数多不多	-2 -1 0 1 2
	受尊敬程度	您觉得在村里受别人尊敬吗	-2 -1 0 1 2

续表

测量指标	测量维度	提问内容	评分
主体性与赋权	家庭决策控制	在家庭事务中，您觉得您有多大的决定权	-2 -1 0 1 2
	改变生活的能力	通过努力，您能够改变自己目前的生活状况吗	-2 -1 0 1 2
安全	人身财产安全	本村的治安状况好不好（如偷盗、打架多不多）	-2 -1 0 1 2
	家庭暴力	您的孩子有骂您或打您的情况吗（包括两口子打架）	-2 -1 0 1 2
休闲娱乐	睡眠是否足够	您觉得平时睡眠时间够不够	-2 -1 0 1 2
	娱乐方式多不多	村里有没有专门供老年人消遣娱乐的设施，是否足够	-2 -1 0 1 2
主观福祉	自我实现程度	您以前的愿望，现在是不是都实现了	-2 -1 0 1 2
	目前生活满意度	您对您目前的生活状态是否满意	-2 -1 0 1 2

调查员_____；调查时间_____

二 农村留守老人社会保障与贫困状况调查问卷

（村庄/社区问卷）

调查形式：座谈会　　　　　对象：（村干部或村民）____

资料收集：村庄财政收支情况表；村庄"十二五"规划

____省____地区（市）____县（市）____乡、镇____村

本村户数：____户；人数：____人；村庄人口年龄结构：____

村庄民族构成：_____；村庄家族构成：_____

村民主要收入来源：____；人均收入水平：_____元

人均收入水平处于全乡镇的什么水平：____外出务工人员多

少：＿＿

　　村内贫富差距状况：＿＿＿；人均耕地面积：＿＿＿亩

　　距离最近的卫生院的路程：＿＿＿公里；距离乡镇政府的路程：＿＿＿公里

　　距离附近农贸集市的路程：＿＿＿公里；是否有直通乡镇或县城的公共汽车：＿＿＿＿＿＿

　　村庄的道路情况：简易公路；县道；省道；国道；其他

　　本村是否为扶贫开发重点村（贫困村）：是（国家级，还是省级）；否

　　村干部对驻村干部的看法，驻村干部是否帮助村庄或村民解决实际问题：＿＿＿＿＿＿＿＿

　　乡镇领导是否关心该村，是否经常到村里视察：＿＿＿＿＿＿＿

　　村干部对乡镇领导和工作人员的看法：＿＿＿＿＿＿＿

	新农保	新农合	农村低保
政府是否宣传相关政策			
政府如何宣传			
参与宣传的人员有谁			
村干部是否宣传相关政策			
村干部如何宣传			
参与宣传的人员有谁			
是否有专员调查摸底			
村民了解程度			
目前参保率			
参保意愿高低			
领取人数多少（主要给谁）			
领取金额多少			
村民意见如何反馈			
违规操作有何惩罚			

参考文献

[1] 白南生、李靖、陈晨：《子女外出务工、转移收入与农村老人农业劳动供给——基于安徽省劳动力输出集中地三个村的研究》，《中国农村经济》2007 年第 10 期。

[2] 蔡蒙：《劳务经济引致下的农村留守老人生存状态研究——基于四川省金堂县竹篙镇的实证分析》，《农村经济》2006 年第 4 期。

[3] 曹修龙：《农村留守老人生活现状及对策》，《中国老年学学会2006 年老年学学术高峰论坛论文集》，2006 年 10 月。

[4] 陈立中：《转型时期我国多维度贫困测算及其分解》，《经济评论》2008 年第 5 期。

[5] 陈银娥：《中国转型期的城市贫困与社会福利制度改革》，《经济评论》2008 年第 1 期。

[6] 陈迎春、徐锡武等：《新型农村合作医疗减缓"因病致贫"效果测量》，《中国卫生经济》2005 年第 8 期。

[7] 陈友华、苗国：《老年贫困与社会救助》，《山东社会科学》2015年第 7 期。

[8] D. 盖尔·约翰逊：《中国农村老年人的社会保障》，《中国人口科学》1999 年第 5 期。

[9] 邓大松等：《中国社会保障改革与发展报告 2012》，北京大学出版社 2013 年版。

[10] 邓大松、王增文：《"硬制度"与"软环境"下的农村低保对象的识别》，《中国人口科学》2008 年第 5 期。

[11] 都阳、蔡昉：《中国农村贫困性质的变化与扶贫战略调整》，《中国农村观察》2005 年第 5 期。

[12] 杜鹏:《聚焦"386199"现象关注农村留守家庭人口流动对农村留守老人的影响》,《人口研究》2004年第4期。

[13] 杜鹏、丁志宏等:《农村子女外出务工对留守老人的影响》,《人口研究》2004年第6期。

[14] 杜鹏、李一男等:《流动人口外出对其家庭的影响》,《人口学刊》2007年第1期。

[15] 范成杰、龚继红:《村庄性质与新型农村社会养老保险的嵌入性发展》,《天府新论》2012年第2期。

[16] 范辰辰、陈东:《新型农村社会养老保险的减贫增收效应——基于"中国健康与营养追踪调查"的实证检验》,《求是学刊》2014年第6期。

[17] 方菲:《劳动力迁移过程中农村留守老人的精神慰藉问题探讨》,《农村经济》2009年第3期。

[18] 龚志民、刘山、李时华:《欧盟老年贫困对中国养老金制度改革的启示》,《未来与发展》2008年第5期。

[19] 关颖:《改革开放以来我国家庭代际关系的新走向》,《学习与探索》2010年第1期。

[20] 桂海君:《贵州苗族地区留守老人问题研究》,《贵州大学学报》(社会科学版)2010年第2期。

[21] 桂世勋、倪波:《老人经济供给"填补"理论研究》,《人口研究》1995年第6期。

[22] 郭建宇、吴国宝:《基于不同指标及权重选择的多维贫困测量——以山西省贫困县为例》,《中国农村经济》2012年第2期。

[23] 郭熙保:《论贫困概念的内涵》,《山东社会科学》2005年第12期。

[24] 郭源:《农村留守老人社会支持分析——基于安徽、河南、湖南、江西和四川五省的调查》,《前沿》2011年第9期。

[25] 韩华为、徐月宾:《中国农村低保制度的反贫困效应研究——来自中西部五省的经验数据》,《经济评论》2014年第6期。

[26] 贺雪峰:《新乡土中国——转型期乡村社会调查笔记》,广西师范大学出版社 2003 年版。

[27] 贺聪志、叶敬忠:《农村劳动力外出务工对留守老人生活照料的影响研究》,《农业经济问题》2010 年第 3 期。

[28] 胡宝娣、刘伟、刘新:《社会保障支出对城乡居民收入差距影响的实证分析——来自中国的经验证据(1978—2008)》,《江西财经大学学报》2011 年第 2 期。

[29] 胡宏伟、栾文敬、杨睿、祝明银:《挤入还是挤出:社会保障对子女经济供养老人的影响——关于医疗保障与家庭经济供养行为》,《人口研究》2012 年第 2 期。

[30] 胡强强:《城镇化过程中的农村"留守老人"照料》,《南京人口管理干部学院学报》2006 年第 2 期。

[31] 黄迪:《黔西北六寨苗族留守老人生存质量研究》,《人口·社会·法制研究》2011 年第 00 期。

[32] 黄强:《农村留守老人生存状况剖析——基于对四川省宣汉县毛坝镇的调查研究》,《经济与社会发展》2009 年第 6 期。

[33] 吉天明、王凤莲:《关怀田园"留守老人" 构建和谐的新农村》,《中国老年学学会 2006 年老年学学术高峰论坛论文集》,2006 年 10 月。

[34] 金彩红:《中国新型农村合作医疗制度设计缺陷的理论分析》,《上海经济研究》2006 年第 9 期。

[35] 康小兰、汪建华、邹晓娟:《个体特征、环境特征与农村留守老人农业生产行为——基于江西调查数据》,《江西农业大学学报》(社会科学版)2011 年第 2 期。

[36] 课题组:《武汉市农村低保制度运行状况调查——兼论农村社会保障体系的完善》,《地方财政研究》2009 年第 12 期。

[37] 李兵水、祝明银:《农民参加新型农村社会养老保险动因刍议》,《江苏大学学报》(社会科学版)2012 年第 1 期。

[38] 李春艳、贺聪志:《农村留守老人的政府支持研究》,《中国农业大学学报》(社会科学版)2010 年第 1 期。

［39］李飞：《多维贫困测量的概念、方法和实证分析——基于我国9村调研数据的分析》，《广东农业科学》2012年第9期。

［40］李敏敏、蒋远胜：《新型农村合作医疗的逆向选择问题验证——基于四川样本的实证分析》，《人口与经济》2010年第1期。

［41］李瑞芬、蒋宗凤：《空巢家庭问题探析》，《北京教育学院学报》2006年第3期。

［42］李立清、危薇：《新型农村合作医疗对农户减贫及增收的效果研究——基于双重差分法的分析》，《湘潭大学学报》（哲学社会科学版）2013年第4期。

［43］李小云、李周等：《参与式贫困指数的开发与验证》，《中国农村经济》2005年第5期。

［44］李小云、董强等：《农村最低生活保障政策实施过程及瞄准分析》，《农业经济问题》（月刊）2006年第11期。

［45］李艳军、王瑜：《补缺型社会福利——中国社会福利制度改革的新选择》，《西安电子科技大学学报》（社会科学版）2007年第2期。

［46］联合国开发计划署和中国国际扶贫中心：《中国新发展阶段中的减贫挑战与对策研究》，2011年5月，http：//www. docin. com/p—634350240. html。

［47］林闽钢：《国外关于贫困程度测量的研究综述》，《经济学动态》1994年第7期。

［48］刘勤：《农村低保实践的偏差与规范——基于陕南丘村的个案分析》，《调研世界》2009年第6期。

［49］刘炳福：《留守老人的问题不容忽视——老年特殊群体调查之一》，《上海大学学报》（社会科学版）1996年第4期。

［50］刘家强、唐代盛、蒋华：《中国新贫困人口及其社会保障体系构建的思考》，《人口研究》2005年第5期。

［51］刘立国：《农村家庭养老中的代际交换分析及其对父代生活质量的影响》，《南开人口》2004年第2期。

［52］刘生龙、李军：《健康、劳动参与及中国农村老年贫困》，《中

国农村经济》2012 年第 1 期。

[53] 刘伟、黎洁:《西部山区农户多维贫困测量——基于陕西安康市 1404 份问卷的调查》,《农村经济》2014 年第 5 期。

[54] 刘岩、孙长智:《风险概念的历史考察与内涵解析》,《长春理工大学学报》(社会科学版)2007 年第 3 期。

[55] 刘燕舞:《作为乡村治理手段的低保》,《华中科技大学学报》(社会科学版)2008 年第 1 期。

[56] 卢海阳、钱文荣:《子女外出务工对农村留守老人生活的影响研究》,《农业经济问题》(月刊)2014 年第 6 期。

[57] 罗芳、彭代彦:《子女外出务工对农村"空巢"家庭养老影响的实证分析》,《中国农村经济》2007 年第 6 期。

[58] 罗蓉、成萍:《农村留守老人养老现状研究》,《人民论坛》(旬刊)2010 年第 7 期(中)。

[59] 罗遐、于立繁:《我国农村老年贫困原因分析与对策思考》,《生产力研究》2009 年第 1 期。

[60] 马强:《劳动力迁移背景下农村留守老人经济供养状况实证研究》,《重庆文理学院学报》(社会科学版)2011 年第 2 期。

[61] 穆怀中、闫琳琳:《新型农村养老保险参保决策影响因素研究》,《人口研究》2012 年第 1 期。

[62] 农业部农业经济研究中心课题组:《新型农村合作医疗和特困人口医疗救助相结合的制度建设》,《中国人口科学》2007 年第 2 期。

[63] 宁亚芳:《农村最低生活保障制度缓贫效应:来自西部民族地区的证据》,《贵州社会科学》2014 年第 11 期。

[64] 宁亚芳:《民族地区农村最低生活保障制度缓贫效应分析——来自云南的证据》,《中州学刊》2015 年第 2 期。

[65] 裴晓梅:《从"疏离"到"参与":老年人与社会发展关系探讨》,《学海》2004 年第 1 期。

[66] 齐良书:《新型农村合作医疗的减贫、增收和再分配效果研究》,《数量经济技术经济研究》2011 年第 8 期。

［67］钱雪飞:《城乡老年人收入来源的差异及其经济性影响》,《华南农业大学学报》(社会科学版)2011 年第 1 期。

［68］乔晓春、张恺悌等:《对中国老年贫困人口的估计》,《人口研究》2005 年第 2 期。

［69］乔晓春、张恺悌、孙陆军:《中国老年贫困人口特征分析》,《人口学刊》2006 年第 4 期。

［70］乔晓春、张恺悌、孙陆军、张玲:《对中国老年贫困人口的估计》,《人口研究》2005 年第 2 期。

［71］萨比娜·阿尔基尔等:《贫困的缺失维度》,刘民权、韩华为译,科学出版社 2010 年版。

［72］世界银行东亚及太平洋地区扶贫与经济管理局:《从贫困地区到贫困人群:中国扶贫议程的演进》,世界银行,2009 年 3 月。

［73］石燕:《以家庭周期理论为基础的"空巢家庭"》,《西北人口》2008 年第 5 期。

［74］孙鹃娟:《劳动力迁移过程中的农村留守老人照料问题研究》,《人口学刊》2006 年第 4 期。

［75］申秋红、肖红波:《农村留守老人的社会支持研究》,《南方农业》2010 年第 2 期。

［76］唐新民:《社会保障:持久扶贫阶段的基础制度保证》,《经济研究参考》2006 年第 80 期。

［77］王春超、叶琴:《中国农民工多维贫困的演进——基于收入与教育维度的考察》,《经济研究》2014 年第 12 期。

［78］王德文: 《中国老年收入、贫困与养老保障问题研究》,http://iple.cass.cn/news/479208.htm。

［79］王德文、蔡昉: 《收入转移对中国城市贫困与收入分配的影响》,《开放导报》2005 年第 6 期。

［80］王德文、张恺悌:《中国老年人口的生活状况与贫困发生率估计》,《中国人口科学》2005 年第 1 期。

［81］王金营、杨茜:《中国贫困地区农村老年人家庭贫困—富裕度研究》,《人口学刊》2014 年第 2 期。

[82] 王琳：《我国未来老年贫困的风险分析》，《云南社会科学》
2006 年第 2 期。

[83] 王琳、邬沧萍：《聚焦中国农村老年人贫困化问题》，《社会主
义研究》2006 年第 2 期。

[84] 王宁、庄亚儿：《中国农村老年贫困与养老保障》，《西北人口》
2004 年第 2 期。

[85] 王澎湖、林伟、李一男：《农村家庭子女外出务工与留守老人
生活满意状况》，《中国老年学学会 2006 年老年学学术高峰论
坛论文集》，2006 年 10 月。

[86] 王小林、Sabina Alkire：《中国多维贫困测量：估计和政策含
义》，《中国农村经济》2009 年第 12 期。

[87] 王小龙、唐龙：《家庭养老、老年贫困与农村社会养老保险的
角色定位》，《人文杂志》2012 年第 2 期。

[88] 王瑜、汪三贵：《人口老龄化与农村老年贫困问题——兼论人口
流动的影响》，《中国农业大学学报》（社会科学版）2014 年第
1 期。

[89] 王跃生：《城乡养老中的家庭代际关系研究——以 2010 年七省
区调查数据为基础》，《开放时代》2012 年第 2 期。

[90] 王增文：《我国农村实施"低保"制度存在的问题及对策》，
《经济纵横》2007 年第 7 期。

[91] 魏建、宋微：《影响我国农民参加农村社会养老保险的因素及
对策研究》，《理论学刊》2007 年第 4 期。

[92] 韦璞：《我国老年人收入来源的城乡差异及其养老模式选择》，
《重庆工学院学报》2006 年第 12 期。

[93] 韦璞：《老年妇女社会参与现状及其影响因素》，《市场与人口
分析》2007 年第 7 期。

[94] 韦璞：《村落视域下低保对象瞄准偏差原因分析——基于贵州省
7 县 9 村调查资料》，《教育研究与实验》2012 年第 6 期。

[95] 夏益俊：《新农村建设中的"留守老人"问题——基于江苏省
东台市的调查与思考》，《理论学习》2009 年第 6 期。

［96］肖汉仕：《我国家庭空巢现象的成因及发展趋势》，《人口研究》1995 年第 5 期。

［97］谢东梅、郑传芳：《福建省农村最低生活保障制度运行机制分析》，《农业经济问题》2009 年第 4 期。

［98］徐倩、李放：《财政社会保障支出与中国城乡收入差距——理论分析与计量检验》，《上海经济研究》2012 年第 11 期。

［99］徐月宾、刘凤芹、张秀兰：《中国农村反贫困政策的反思——从社会救助向社会保护转变》，《中国社会科学》2007 年第 3 期。

［100］薛惠元：《新型农村社会养老保险减贫效应评估——基于对广西和湖北的抽样调研》，《现代经济探讨》2013 年第 3 期。

［101］闫萍：《农村子女外流对父母经济供养状况的影响分析》，《西北人口》2007 年第 5 期。

［102］杨菊华、陈志华：《老年绝对经济贫困的影响因素：一个定量和定性分析》，《人口研究》2010 年第 5 期。

［103］杨菊华、姜向群、陈志光：《老年社会贫困影响因素的定量和定性分析》，《人口学刊》2010 年第 4 期。

［104］杨龙、汪三贵：《贫困地区农户的多维贫困测量与分解——基于 2010 年中国农村贫困监测的农户数据》，《人口学刊》2015 年第 2 期。

［105］杨立雄：《中国老年贫困人口规模研究》，《人口学刊》2011 年第 4 期。

［106］叶初升、王红霞：《多维贫困及其度量研究的最新进展：问题与方法》，《湖北经济学院学报》2010 年第 6 期。

［107］叶敬忠、贺聪志：《静寞夕阳——中国农村留守老人》，社会科学文献出版社 2008 年版。

［108］于学军：《老年人口贫困问题研究》，中国老龄科学研究中心：《中国城乡老年人口状况一次性抽样调查数据分析》，中国标准出版社 2003 年版。

［109］袁缉辉：《别忘了留守老人》，《社会》1996 年第 5 期。

［110］颜媛媛、张林秀、罗斯高、王红：《新型农村合作医疗的实施

效果分析——来自中国 5 省 101 个村的实证研究》,《中国农村经济》2006 年第 5 期。

[111] 张恺悌、孙陆军、苗文胜:《中国农村老年人的贫困问题》,《市场与人口分析》2004 年增刊。

[112] 张全红、周强:《多维贫困测量及述评》,《经济与管理》2014 年第 1 期。

[113] 张全红:《中国多维贫困的动态变化:1991—2011》,《财经研究》2015 年第 4 期。

[114] 张胜荣、聂焱:《欠发达地区农村劳动力外流对老年人经济支持影响的实证研究——以贵州省大方县响水乡以堵村中寨队为例》,《清华大学学报》(哲学社会科学版)2012 年第 4 期。

[115] 张时飞、唐均:《城乡最低生活保障制度:新台阶和新跨越》,http://www.93576.com/read/921a3761c6760ff9f0064190.html。

[116] 张伟宾:《贫困农村低保对象的瞄准与识别》,《科学对社会的影响》2010 年第 3 期。

[117] 张文娟、李树苗:《子女的代际支持行为对农村老年人生活满意度的影响研究》,《人口研究》2005 年第 5 期。

[118] 张文霞、赵延东:《风险社会:概念的提出及研究进展》,《科技与社会》2011 年第 2 期。

[119] 郑功成:《中国社会保障改革与未来发展》,《中国人民大学学报》2010 年第 5 期。

[120] 郑青:《论地方政府对农村"留守"老人养老的政策导向》,《甘肃行政学院学报》2004 年第 4 期。

[121] 周福林:《我国留守老人状况研究》,《西北人口》2006 年第 1 期。

[122] 周祝平:《农村留守老人的收入状况研究》,《人口学刊》2009 年第 5 期。

[123] 邹薇、方迎风:《关于中国贫困的动态多维度研究》,《中国人口科学》2011 年第 6 期。

[124] 左冬梅、李树苗:《基于社会性别的劳动力迁移与农村留守老

人的生活福利——基于劳动力流入地和流出地的调查》,《公共管理学报》2011 年第 2 期。

[125] 朱信凯、彭廷军:《新型农村合作医疗中的"逆向选择"问题:理论研究与实证分析》,《管理世界》2009 年第 1 期。

[126] Aldi Hagenaars, "A Class of Poverty Indices", *International Economic Review*, Vol. 28, No. 3, 1987, pp. 583 – 607.

[127] Amartya Sen, "Poverty: An Ordinal Approach to Measurement", *Econometrica*, Vol. 44, No. 2, 1976, pp. 219 – 231.

[128] Andreas Hoff, "Tackling Poverty and Social Exclusion of Older People — Lessons from Europe", *Oxford Institute of Ageing Working Papers*, October 2008.

[129] Armando Barrientos. , "Non – contributory Pensions and Poverty Reduction in Brazil and South Africa", January 2005, http://www. researchgate. net/publication/228902799.

[130] Asghar Zaidi, Bernd Marin , Michael Fuchs, "Pension Policy in EU25 and its Possible Impact on Elderly Poverty", http://www. euro. centre. org/data, 2006.

[131] Chris Phillipson, *Reconstructing Old Age: New Agendas in Social Theory and Practice*, London: SAGE Publications ltd, 1998.

[132] Christina Behrendt, "Holes in the Safety Net? Social Security and the Alleviation of Poverty in a Comparative Perspective", *Paper Prepared for the ISSA Year 2000 Research Conference in Helsinki*, September 2000, pp. 25 – 27.

[133] Du, Ying, "Rural Labor Migration in Contemporary China : An Analysis of Its Features and the Macro Context", In West, Loraine & Zhao, Yaohui (eds.) Rural Labor Flows in China , Institute of East Asian Studies, University of California, Berkeley, 2000.

[134] F. Drever, M. Whitehead and M. Roden, "Current Patterns and Trends in Male Mortality by Social Class Based on Occupation", *Population Trends*, Vol. 8, No. 86, 1996, pp. 15 – 20.

[135] Francois Bourguignon and Satya R. Chakravarty, "The Measurement of Multidimensional Poverty", *Journal of Economic Inequality*, No. 1, 2003 (1), pp. 25 – 49.

[136] Gary V. Engelhardt and Jonathan Gruber, "Social Security and the Evolution of Elderly Poverty", *Prepared for the Berkeley Symposium on Poverty, the Distribution of Income, and Public Policy*, March 2004, http://www.docin.com/p – 1391030091.html.

[137] Graeme Hugo, "Effects of International Migration on the Family in Indonesia", *Asian and Pacific Migration Journal*, Vol. 11, No. 1, 2002, pp. 13 – 45.

[138] James Foster, Joel Greer and Erik Thorbecke, "A Class of Decomposable Poverty Measures", *Econometrica*, Vol. 52, No. 3, 1984, 52 (3), pp. 761 – 766.

[139] Jean – Yves Duclos, David Sahn and Stephen D. Younger, "Robust Multidimensional Spatial Poverty Comparisons in Ghana, Madagascar, and Uganda", *Cahiers De Recherche*, Vol. 20, No. 1, 2005, 20 (1), pp. 91 – 113.

[140] Jim Ogg, "Social Exclusion and Insecurity Among Older Europeans: The Influence of Welfare Regimes", *Ageing & Society*, Vol. 25, 2005, pp. 69 – 90.

[141] Jocelyn Angus and Patricia Reeve, "Ageism: A Threat to 'Aging Well' in the 21st Century", *The Journal of Applied Gerontology*, Vol. 25, No. 2, 2006, pp. 137 – 152.

[142] John Knodel and Chanpen Saengtienchai, "Rural Parents with Urban Children: Social and Economic Implications of Migration for the Rural Elderly in Thailand", *Population, Space and Place*, 2007, Vol. 13, No. 3, pp. 193 – 210.

[143] Kathryn H. Porter, Kathy Larin, Wendell Primus, "Social Security and Poverty Among the Elderly: A National and State Perspective", *Paper for the Center on Budget and Policy Priorities*, April 1999.

[144] Kappa P. Kannan, "Social Security, Poverty Reduction and Development: Arguments for Enlarging the Concept of Social Security in a Globalizing World", *Social Security Policy and Development Branch*, ILO, Geneva, 2004.

[145] Kuhn, Randall S., Bethany Everett, and Rachel Silvey, "The Effects of Children's Migration on Elderly Kin's Health: A Counterfactual Approach", *Demography*, Vol. 48, No. 1, 2011, pp. 183 – 209.

[146] Lane Kenworthy, "Do Social – Welfare Policies Reduce Poverty? A Cross – National Assessment", *Social Forces*, Vol. 77, No. 3, 1999, pp. 1119 – 1139.

[147] Leonardo Gasparini, Javier Alejo, Francisco Haimovich, Sergio Olivieri, Leopoldo Tornarolli, "Poverty among the Elderly: In Latin America and the Caribbean", *Journal of International Development*, Vol. 22, No. 2, 2010, pp. 176 – 207.

[148] Michael S. Rendall and Alden Speare, "Elderly Poverty Alleviation through Living with Family", *Journal of Population Economics*, Vol. 1, No. 4, 1995, pp. 383 – 405.

[149] M. Macwangi, L. Cliggett and G. Alter, "Consequences of Rural – Urban Migration on Support for the Elderly in Zambia", *Presented at the Annual Meeting of the Population Association of America*, New Orleans, Louisiana, 1996.

[150] Monde Makiwane and Stella Alice Kwizera, "An Investigation of Quality of Life of the Elderly in South Africa, with Specific Referenceto Mpumalanga Province", *Applied Research in Quality of Life*, Vol. 1, No. 3 – 4, 2006, pp. 297 – 313.

[151] Ramesh Adhikari, Aree Jampaklay, Aphichat Chamratrithirong, "Impact of Children's Migration on Health and Health Care – seeking Behavior of Elderly Left Behind", *Bmc Public Health*, 2011, Vol. 11, No. 1, pp. 1 – 8.

[152] Randall Kuhn, "Identities in Motion: Social Exchange Networks

and Rural – Urban Migration in Bangladesh", *Contributions to Indian Sociology*, Vol. 37, No. 1 – 2, 2003, pp. 311 – 337.

[153] Ravi Kanbur and Diganta Mukherjee, "Premature Mortality and Poverty Measurement", Version: 2006, http: //www. arts. cornell. edu/poverty/kanbur/Pov&Death. pdf.

[154] Robert Holman, *Poverty: Explanations of Social Deprivation*, New York: St. Martin's Press, 1978.

[155] Robert E. , *Goodin and Julian Le Grand*, *Not Only the Poor*, London: Allen & Unwin, 1987.

[156] Ronald Skeldon, "Ageing of Rural Populations in South – East and East Asia", In: United Nations, New York: The World Ageing Situation: Exploring a Society for All Ages. Department of Economic and Social Affairs, ST/ESA/271, 2001, pp. 38 – 54.

[157] Sabina Alkire and James Foster, "Counting and Multidimensional Poverty Measurement", *Oxford Poverty & Human Development Initiative OPHI Working Paper*, June 2007.

[158] Sabina Alkire and Maria Emma Santos, "Acute Multidimensional Poverty: A New Index for Developing Countries", *Human Development Reports Research Paper*, 2010.

[159] Walter Korpi and Joakim Palme, "The Paradox of Redistribution and Strategies of Equality: Welfare State Institutions, Inequality, and Poverty in the Western Countries", *American Sociological Review*, Vol. 65, No. 5, 1998, pp. 661 – 687.

[160] World Bank, "Introduction to Poverty Analysis", *World Bank Institute*, *Washington*, D. C, New York , 2005, http: //siteresources. wordbank. org /PG LP / resources /poverty Manual. pdf .

[161] Zimmer, Zachary and Julia Kwong, "Family Size and Support of Older Adults in Urban and Rural China: Current Effects and Future Implication", *Demography*, Vol. 40, No. 1, 2003, pp. 23 – 44.